说服力

1分钟改变他人所思所为

[澳大利亚] 米歇尔 · 鲍登　著　　刘佳月　译
(Michelle Bowden)

HOW TO PERSUADE

THE SKILLS YOU NEED TO GET WHAT YOU WANT

中国科学技术出版社
· 北　京 ·

图书在版编目（CIP）数据

说服力：1 分钟改变他人所思所为 /（澳）米歇尔·鲍登（Michelle Bowden）著；刘佳月译 .— 北京：中国科学技术出版社，2024.8

书名原文：How to Persuade：The Skills You Need to Get What You Want

ISBN 978-7-5236-0671-1

Ⅰ . ①说… Ⅱ . ①米… ②刘… Ⅲ . ①人际关系学—社会心理学—通俗读物 Ⅳ . ① C912.11-49

中国国家版本馆 CIP 数据核字（2024）第 087549 号

策划编辑	何英娇　王碧玉	**执行编辑**	邢萌萌
责任编辑	童媛媛	**版式设计**	蚂蚁设计
封面设计	东合社	**责任印制**	李晓霖
责任校对	邓雪梅		

出　　版	中国科学技术出版社
发　　行	中国科学技术出版社有限公司
地　　址	北京市海淀区中关村南大街 16 号
邮　　编	100081
发行电话	010-62173865
传　　真	010-62173081
网　　址	http://www.cspbooks.com.cn

开　　本	880mm × 1230mm　1/32
字　　数	221 千字
印　　张	10.25
版　　次	2024 年 8 月第 1 版
印　　次	2024 年 8 月第 1 次印刷
印　　刷	北京盛通印刷股份有限公司
书　　号	ISBN 978-7-5236-0671-1/C · 262
定　　价	69.00 元

（凡购买本社图书，如有缺页、倒页、脱页者，本社销售中心负责调换）

谨以此书献给我人生中最好的那个人——伊恩·鲍登，以及我那三位秀外慧中的女儿，是他们一直激励着我用开明的思想和豁达的心胸面对世界的重要机遇。

前　言

非常感谢你选择本书！你知道的，我的生活一直都很幸福。在知天命的年纪，我可以信心满满地说“我是个幸运的人”。无论是在个人、工作还是精神生活方面，我都实现了自己的目标。倘若你看到我，你或许会想：“哇哦！她可真幸运啊，一切都那么美满——有爱她至深的老公、优秀可人的孩子、舒适温馨的房屋，有蒸蒸日上的事业、畅销海内外的著作、健康的体魄，还有一桩又一桩积极乐观的奇遇和为人称道的经历。”曾有一些特别喜欢我的客户将我对他们的影响称为“改变人生”。我甚至还养了两只漂亮又乖顺的狗狗！（好吧，我承认，也不是时时刻刻都乖顺，但大多数时候还是挺乖的。）

是的，我的确幸运，我也对这份美好的幸运心存无限感激。但你千万不要以为这一切来得有多么轻易，是我的努力成就了我如今的人生。我从很小的时候就开始研究影响和说服的艺术了。（那还是 8 岁那年）有个小女孩说她再也不想和我做朋友了，因为她不喜欢我家人为我做的裙子！（妈妈，我特别喜欢你满怀爱意给我缝制的那条蓝绿相间的荷叶裙！）

千万别误会——我并不幸运。我以巧言走过这半生。从小学到高中，再到大学修读三个学位，我一直在寻找良机。我凭一张巧嘴获得了我并不能完全胜任的工作，可彼时，我也深知自己终会取得成功。我在人生的每一个阶段，都研习并运用了著名说服者们成功的方法，以确保我的人生能步入正轨。我凭借超高的销售转化率建立了成功的培训公司。我保证自己的朋友都是我愿意花时间相处的人。我的生活方式是想休息的时候就休息、想工作的时候就工作。我有能力为自己和家人买下那些心仪的物品。我尽心尽力抓住每一个可能的发展机会。现在的我依然在尽全力让一切按照我希望的方式发展。

我可以打包票，幸运在我的财富中没有起到任何作用！的确，我往往会在恰当的时间做出正确的选择，但这也仅仅是因为我确信自己摆正了位置、选对了方向。我靠说服力成就了自己的幸运。

你也一样可以。你与自己人生中想要的、所需的一切，只差一个说服力的距离。

我的确有着高超的说服倾向（我称为“P2P”）。在说服力中，你的关心系数是你说服他人接受你的观点的动力。我的P2P分值（由我本人开发的“说服力智能剖析模型”衡量所得，我也会在本书中更详细地解释该智能剖析模型）为96%。这一分数相当高，而且也让我十分受用。这一超高的分值说明我对问题或挑战总是满怀热忱，而且我也相信自己可以去说服他人。我不太会受争端和冲突的影响，我时常对自己的说服力充满自信。我也比他人更容易去尝试说服他人。我擅长察言观色，感知对方的立场是否可以发生改变。无论他人的想法坚定与否，我都清楚，运用说服力的知识改变他人的想法绝非易事。

当然，我并不是说P2P的值必须很高才能具有说服力。我丈夫的 P2P 值就很低，但他却是我所认识的说服大师之一——只要他想，他就能说服成功！他只是没什么改变他人想法的动力罢了，除非是他特别在乎的事情。本书其实就是在讲，倘若你想说服他人，你就得知道必要的东西都有哪些，然后搭建你所需的技能和方法，从而使你在说服他人时技高一筹、自在得体——不论你是否有动力去改变他人的想法。

我写作本书的初衷在于自己很热爱说服力的艺术和科学。我也殷切希望自己能够让大家在拥有绝佳的想法、产品解决方案时表现得无懈可击。人生太短，承受不起屡屡被拒的心酸。我给自己设定了任务：阅读、研究每一条建议、每一则公式、每一种技巧和每一个诀窍，将我的所学传授给说服力演讲技巧培训班里的忠实学员们。毋庸置疑，每周的培训课（我大半的人生岁月都献给了它）都大大帮助我不断完善了自己的所思所想。如果你想提高自己的技能，让自己无论是在职场还是家中都能条理清晰、说服力十足，那么请打开这本书吧。我非常高兴自己终于能提炼出其中的精华，再将其整合在本书中，供大家阅读，让你也能在人生中用说服力创造硕果。

如何发掘本书的最大价值？

成为一名拥有说服力的人，可并不是指你能在几场临时讲台上自由切换说服技能那么简单。你肯定会遇到需要做演讲的时候（比如推介会上或是重要会议上），拥有说服力其实是改进你与世界交流的方式、让他人能理解你的一项基础技能。

我在本书中罗列了四种说服方法（第一部分介绍，第二部分详细阐述）。这些方法或说服类型各有不同的长项和好处，适用于不同情景和不同类型的人。每一类型都有你可以开发、打造或巩固的特定行为。通过不断提升自己在这四种说服方法中的表现，你可以成为一位更有说服力的人。

我写作本书的风格和我讲话的风格十分类似。你或许很快就能了解我的写作风格。我建议大家一口气读完第一部分（第一章至第五章）。等你自己搭建起说服的背景、了解了这四种说服类型之后，就可以花时间在第二部分（第六章至第九章）中耐心探索这四种类型了。

第六章至第九章涵盖了说服力人才所使用并遵循的所有诀窍、技巧、公式和方法。不要有压力，你要努力把这四章中的所有内容转化为长项。是的，你没看错，是所有内容！幸好，你很可能会发现，自己已经在（有意或无意间）实践这几章里提到的很多行为了。这值得你庆祝。你此刻便可欢呼雀跃一下。然后你需要学习、开发和巩固余下那些尚未成为习惯的行为。

你可以选择把这本书从头读到尾，不错过其中的任何一点细节，也可以先读第一章至第五章，然后单独选择你亟须开发的一个或两个说服类型进行探索。第六章至第九章的写作方式允许你来去自由。你完全可以只阅读你最感兴趣的说服类型，从那里学起。书中囊括了很多案例研究和举例说明，用于解释如何运用推荐的行为。

不论你的关注点将你引向何方，在阅读的过程中，我给大家如下几个建议。

1. 记笔记。在学习时找一本赏心悦目的笔记本做笔记，帮助你牢记知识点。

2. 划重点。将本书变成你说服之路上的“必备”指南。用便利贴或索引贴标记你想要回看的页码，或者是你觉得日后对你与人打交道有用的页码。

3. 做练习。当你发现自己的哪项技能尚有进步的空间时，你便可以着手去改善它了。读完一个部分，就完成相关的活动。这些活动可以帮你将所学融会贯通。

无论你是否意识到自己身处说服性场合，我都希望你能始终以更有说服力的姿态度过人生。那具体该怎么做呢？就是将你从本书中习得的知识和习惯融入生活，每天仅提升 1% 的说服力便可。让我们就从今天开始吧！

如何将良好的行为变成日常习惯？

通读本书并完成推荐的活动之后，你或许会思考：怎样改变固有习惯、建立新的习惯呢？我建议大家使用以下三步法来将良好的行为变成日常习惯。

1. 搭建知识。明确哪些习惯有利于培养你的说服力、哪些习惯有损于你的说服力。

2. 提升意识。注意自己有没有疏忽出错的情况。能意识到自己的习惯不好，才会更容易摆脱这个习惯。

3. 采取行动。做出明智的决定，即每天进步 1%。对于能提高说服力的好习惯，你要力学笃行；对于让你原地踏步的负面习惯，你要摒弃。如果你每天都能在家中和爱你的人练习新习得的技巧，等你到职场上必须用这些诀窍说服他人时，肯定会觉得更轻松。

为何仅为 1%?

我们清楚自己需要培养某项新的技能，但往往会觉得这似乎是一项艰巨、难以完成的任务。学习并落实如此多的内容，要么会让我们变得拖延，要么会迫使我们放弃。要想应对一份看似难以完成的任务，我们可以选择每天仅进步 1% 即可。每天在说服技能方面提高 1% 是可以做到的。随着时间的推移，你会变得越来越有说服力。这多棒啊！

你可能会觉得每天“仅进步一点”进展太过缓慢或者不够高效，可好消息是，真正的自我变革就是这样发生的。新的长期行为或习惯就是这样形成的——随着时间的流逝，日积月累而成。

怎样落实这 1%?

要想实现 1% 的进步，那就从本书中选择一些内容来试试看吧。今天就开始练习。然后明天再尝试一遍，后天、大后天再尝试。一直练习下去，直到这 1% 的进步变得像你与生俱来的习惯一样轻巧，而非在使用时感到生涩费力。

等你觉得自己已熟练掌握这 1% 的进步时，你就可以尝试书中的其他内容了。这些渺小且看似微不足道的提高经过一年的积累，就会成为意义非凡的进步，为你的人生创造更多成功。

不要成为不是你自己的自己！

本书并非要把你打造成一位电视布道者或是任何一种你眼中侃侃而谈的说服者。本书旨在帮助大家成为能力范围内最有说服力的自己。本书致力于将所有的 1% 都提供给你，即那些你每天都可以做的小事，从而随着时间的推移以一种恰当的方式来提升你的说服力。

我为你加油助威。那我们现在就开始吧！

目录 CONTENTS

你的说服力有多强?

了解说服类型，学会因势利导

完善推介过程，做到融会贯通

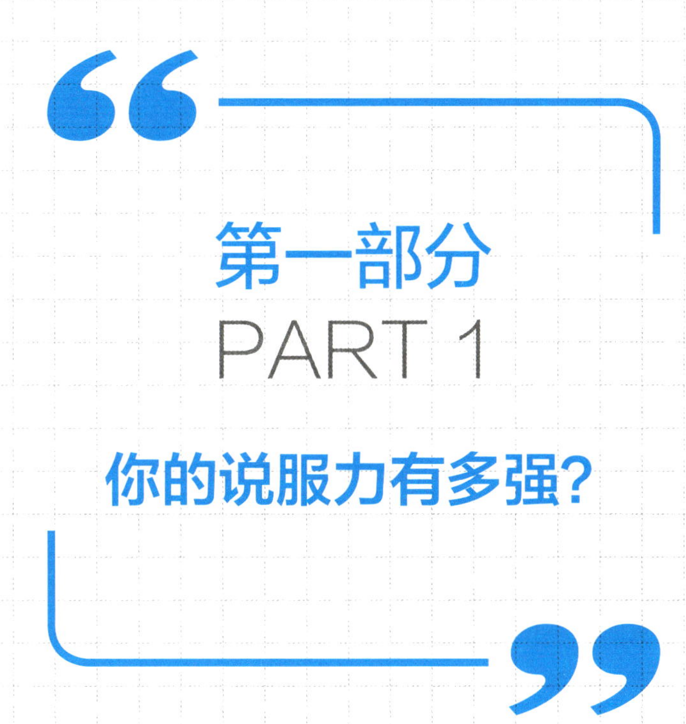

第一部分
PART 1

你的说服力有多强?

第一章 为何要有说服力？

年逾古稀的弗雷德（Fred）住在昆士兰远北地区的凯恩斯市。凯恩斯市位于澳洲大陆东海岸的最北端。当地除了有美不胜收的大堡礁外，还栖居着鹤鸵（一种长相滑稽的大鸟），盛产多汁美味的大杧果。绕远了，还是说回弗雷德吧。

某个星期四的早上，弗雷德给住在澳大利亚南部墨尔本的儿子乔希（Josh）打了一通电话。他在电话中说道："儿子，我很抱歉有个坏消息要同你说。我和你妈要离婚了，这45年的苦日子我真是过够了。我们俩连看都不想看对方一眼，离婚这事我也真的是不想再多说了。还是你给你姐打个电话，告诉她这件事吧。对不起了。"然后他就挂断了电话。

乔希听罢心乱如麻，他拿着手机，怔怔地站在客厅里。他爸爸刚刚说了什么？现在该怎么办？他打给住在西澳大利亚布鲁姆的姐姐苏茜（Susie）："姐，是我，乔希。咱爸刚才打电话来，把我给吓坏了。他说他要跟咱妈离婚！"

苏茜气极了。她怒斥道："离什么离！你别管这事了，交给我来处理！"接着，她猝不及防地挂断了电话。乔希又一次握着手机陷入难以置信中。

苏茜又联系上弗雷德。弗雷德刚接起电话，就听到苏茜带着哭腔的声音。“爸！你是咋想的？你和我妈不许离婚。你们明明那么爱彼此。坐下来喝杯热茶，好好谈一谈，没什么问题是解决不了的。听着，什么都别做，我和乔希明天就到家。”她停下来喘了口粗气，又接着说道，“我们会尽快赶回去的。你们可千万别把事儿给定下来。什么都不许做，等我们回去再讨论。听到没有？”紧接着，她火速挂断了电话，打算立刻给乔希和自己买当天飞往凯恩斯的机票。

弗雷德放下手机，坐在扶手椅上，望着他在凯恩斯种下的美丽杧果树。他转头看向妻子贝芙（Bev），意味深长地点了点头，说：“好了，贝芙，明天他俩肯定会回来过圣诞节了。那下次复活节咱们用什么说辞呢？”

我们时时刻刻都在说服他人

不论是解决家庭争端这类常见的任务，还是就协议条款或工作项目进行磋商，我们总是在运用各种各样的沟通策略去影响身边的人。想想你生活中平常的一天，想想你遇见的所有人，想想你这一天需要从他们身上获得什么来满足自己的需求。

每天，我们都面对着各种各样的机会来影响身边的人。诸如商业推介、正式演讲、业务案例或是销售会议这类的场合。显而易见，这些都是游说他人的时机。当风险很高时，或是在竞争激烈的环境中争取支持时，让利益相关者倾听我们，并采取相应的行动是很重要的。站在这些“临时讲台”上，说服力是必要的技能，比方说临时会议、非正式谈话、乘电梯时遇到潜在的推荐人、写紧急电子邮件。不论风险多高，不论场景如何，你的说服力总能让你逆风翻盘。

我们独特的说服风格和性格特征使得一部分人更容易被我们说服。但遗憾的是，一成不变的风格和个性也让我们在某些场合下难以尽情施展自己的说服技能，而且，我们往往未能充分利用现有的机会。

尚有进步的空间

如果你始终不确定什么才是说服他人最高效的方式，而且想在日后听到更多的“好的”，那么有一点是可以确定的：你需要培养自己在各种场景下的说服技巧，而不仅仅局限于简单的场景。

根据我对 800 多位受访者展开的一项调查显示：

- 75% 的受访者表示，如果他们更善于沟通，那他们就会因其知识和专长获得更多的尊重；
- 仅有 28% 的受访者表示，他们最近参加的一项会议促使他们采取行动去提升说服力。也就是说，其余的 72% 的受访者在会议结束后会继续维持原状，不会做出改变。

任教于澳大利亚悉尼麦考瑞大学管理学院的澳大利亚员佐勋章获得者约翰·克劳彻（John Croucher）教授在研究会议对说服他人的有效性时也得出了类似的结果。他在研究报告中称，89% 的高管承认自己在重要会议和会谈期间思绪神游，33% 的高管甚至承认自己在会议期间有睡着的情况！这也太可怕了吧！

这些数据告诉我们，在说服我们的同事、客户、雇主、朋友和家人时，我们尚有进步的空间。

事实是，即便你不在销售行业，你也总会有想对他人有所求，或者需要对他人有所求的情况。你想要他人信任你、支持你、认可你的想法或建议。这就往往意味着，你要让他人的所做所想发生改变。要想让自己在知识经济中保有竞争力，说服力就是你值得培养的关键技能。

说服力并非与生俱来，后天培养完全可行

我知道，在坚持自己主张的时候缺乏自信阻碍了很多人在职场上发挥潜能。我也清楚，要是没有任何人听你讲话，那么不管你工作做得多优秀、你的想法多令人信服，都无济于事。我想说，说服力并非与生俱来，后天培养完全可行。人人都能拥有说服力，是的，尤其是你！

作为说服力演讲技能专家，我曾有机会与数千人共事。我了解到，大多数人都没有意识到，有很多工具和技巧可以将他们转变为说服型沟通者。据我的观察，一旦人们知道怎样说服自己的相关方并展开行动，他们在职场和家庭中的成功概率自然而然就会有所提升。

诀窍

米歇尔有言：

“人人都能拥有说服力，是的，尤其是你！”

你的说服力有多强?

下面问大家一个问题：你的说服力到底有多强？我是认真的。你自己的说服力有多强？你讲话的时候人们会听吗？你总能遂心如愿吗？你会用什么方式说服你的家人不远万里去参加一个重要的家庭活动呢？

- 你会像上述故事中的弗雷德那么做吗？
- 你会像苏茜一样咄咄逼人吗？
- 你会靠激怒家人或让家人怀有负罪感的方式让他们踏上旅途吗？
- 你会像乔希一样委托他人吗？
- 你只会客气地提出请求吗？

你原来的说服风格是什么样的？你有多锲而不舍？如果你的家人说“不去”，你是会就此放弃，还是会继续请求他们和你一起去？如果你选择后者，你是否还会一遍又一遍用同样的方式说服他们，直到他们忍无可忍、只能妥协？（我丈夫称这一方式为“狗守篱笆”。他的意思是，你就好像那条冲着篱笆不断大叫的狗一样，重复了一遍又一遍，直到对方无法忍受，只能妥协退让，从而达成你的所想。）你会继续尝试使用多种不同的方式，直到对方最终心服口服吗？

你如何看待说服力?

提到“说服力”，你的脑海中会浮现出哪些词？说服力到底是什么？我们每个人对此都有不同的理解。你会联想到“怂惠”“诱惑”这些词，还是“磋商”“操纵”这些词？这些都是内涵丰富的描述词，可以帮你区分哪种说服方式会产生实际的效果、哪种是不合理的操纵，以及哪种在滥用个人权力或职权。

- 你觉得有说服力的人是天生就有说服力吗?
- 说服他人是否有一种久经考验的最佳方式?
- 我们都应该以同样的方式去说服他人吗?
- 不论沟通情境如何，我们都应该遵循某个特定的模型或公式吗?
- 我们在说服他人时使用的方式是否该取决于具体的情境呢?
- 你的个性在何种程度上影响你作为说服者的方式和成功概率?

这些问题全都旨在帮助你反思以下几个问题：你是否认为我们都能学会如何去说服他人？我们是否都该使用同样的说服方式？我们的说服方式是否应该根据场合、相关方或是我们本人风格的不同来做出区分呢?

欢迎阅读本书

本书会回答上述所有的问题，还有更多惊喜等着你。我认为，要想让自己在知识经济中保有竞争力、说服力（打动人心）是你值得培养的关键技能。阅读本书，你就会了解，如果我们想要始终保有说服力，我们日常就需要掌握并运用一些简单、实用又高效的技巧和方法。好消息是，人人都能拥有说服力，尤其是你！只要你知道做什么，然后照做，就可以了。

为何要有说服力?

- 我们时时刻刻都在说服他人!
- 有些说服性场合显而易见，有些则较为隐晦。
- 有些人更容易被说服。
- 培养说服力能让你在知识经济时代中保有竞争力。
- 说服力并非与生俱来，后天培养完全可行。
- 人人都能拥有说服力，是的，尤其是你!

第二章 你是否让人意兴阑珊?

在讲解如何让人更有说服力的窍门之前，我们先来回顾一下，你在说服他人时（不论是有意还是无意）有没有让人意兴阑珊？这一点很重要。你是否会让人失去兴致？这个问题很直白。事实上，在说服他人时，你会做很多事情来吸引对方。但很遗憾，你也同时在做一些让相关方心生抵触或让他们对你的宏图高见兴趣索然的事情。我们大多数人完全没有意识到我们每天在不同的时间做的无数件小事既引人注目又令人心生厌恶。

若你曾有过被人无端惹恼的经历，你就是对那个人心生反感了。这类情况时有发生。每每发生之时，很多人并没有用心思考自己说了或者做了什么以致他人的态度急转直下。大家还照常过着自己的生活，甚至还会埋怨对方。我们或许还会喃喃自语道："那个人可真无礼！"结果，我们就很有可能一遍又一遍地重复那些惹人不快的言行，丝毫没有意识到自己的说服力受到了损害。

我们不见得会为拙劣的说服力做出反馈

二十多年来，我一直在教授说服力。每当我讲授我的说服力技巧时，人们总喜欢和我分享他们在说服性场合中遇到的那些“扫兴者”，有经理、职员、客户、外部顾问，甚至还有家人和朋友。大多数分享中的共同点在于，他们并没有给那个表现不佳的人做出反馈，导致那个人永远都不知道自己的言行会产生怎样的影响。事实上，据我的经验，我们大多数人都认为，对于惹我们不快的言行，我们不做反馈，是一种对说服者表示友好的行为。通常情况下，我们并不想冒犯那些让我们不快的人，也不想引起无谓的冲突。如果对方比我们职级更高，我们就更不想惹麻烦了。我们绝不想因为直言老板的不当言行，从此与晋升无缘。注意，我并不是说，你应该到处给你见到的每一个人反馈。我只是在反思，很多人在被他人弄得兴致全无之后，并不会给对方反馈。

那么，这对于作为说服者的你来说，又有怎样的意义呢？

或许，你在漫漫的说服之路上一直让人索然无味、冒犯他人、错失良机，而这背后的原因就在于没有人会为你那惹人不快或效率低下的说服方式做出反馈。

十五大最常见的说服错误

为帮助大家避免冒犯、惹恼他人或令他人失望、沮丧，我们一起来看一下在说服他人时，最不该做的事情都有哪些。看看你是否犯过下述列表中的某个错误。如果有，别人又很难对你坦言相告，那么你的说服力便会渐渐耗损。

人们在试图说服他人时，最常犯的十五大错误如下。

1. 流露出悲观的神色或缺乏热忱和激情。人们往往需要你的热情投入才能感觉到自己也是你宏图高见中的一环。所以热情高涨一些，这样你会变得非常有感染力。

2. 指手画脚或看起来不太靠谱。我们都不喜欢被人评判。我们也很难被自己不信任的人说服。我想起在某个研讨会上参与过的一个很厉害的活动。当时的讲师让我们用两种方式倾听同一位发言者的发言。第一次，我们要装作自己很鄙视发言者的样子。第二次，我们则要装作自己很崇拜发言者，然后再听他发言。这个活动表明，你对某一说服性场合的心态会影响你对该场合的看法。更有趣的是，它还会影响到发言者自己的“表现”。我们听的时候，如果认为发言者说得很在理，那么发言者是会有所察觉的，进而会表现出最佳的状态。相反，如果我们听的时候认为发言者是个不明智的人，这会影响到发言者的自信程度，他们的声音、眼神交流和演讲节奏都会受到影响。这给大家带来了什么启示？当你在说服他人时，很重要的一点是不要让对方觉得自己在被你评判。相反，若要让他们信任你并听取你的想法，你就得让他们感到自己是被接纳的。如果你对自己的说服对象不太确定，那就努力保持开放的心态，找到一种能接纳他们的方式，这样他们就不会对你的计划了无兴致。

3. 提出过多的问题。谁会愿意像被审讯一样被问那么多的问题？是的，没人愿意！所以不要向潜在客户或相关方提太多的问题。你可能也听说过古希腊哲学家爱比克泰德的名言：“我们长着两只耳朵一张嘴，所以我们要听的应该是所讲的两倍。”说服他人时，多听少说是良方。

4. 仅提供片面的事实。要想让他人觉得你的信息可信，你提供的事实就不能有明显的偏颇或以偏概全。明显歪曲的事实会让人心生不悦。因此，要做到完整详尽、合乎逻辑、铿锵有力、胸有成竹。

5. 否认、指责或为糟糕的决定辩解。否认、指责和辩解都是受害者行为。经常表现出受害者行为的人都没有什么说服力，他们会让人厌烦。人们往往更喜欢你对自己的行为负责。你应坦然认可你在自己的人生中扮演的角色（不论是好还是坏）。而且，重要的是，你要勇于承认自己的错误。这样，你在说服他人时，就会更加值得信赖。

6. 做出咄咄逼人的举动。没人会喜欢咄咄逼人的销售员。说服他人时，要做到“关注对方”，这样你才能“洞察人心”。在不让潜在客户或相关方失去兴致的情况下，你要准确地判断出自己可以强势到哪个地步。承诺、活力和热忱这三者很重要，会让你拥有极好的品质。

7. 讲太多故事去佐证观点。有的人就是喜欢自己的声音，于是他们就会讲太多故事来佐证自己的观点。故事若是被讲得生动有趣，自然会是表达观点的好方法。只是你要注意适度即可，别太抢风头。

8. 面露难色。窘迫为难的神色万万不可取，因为它很容易被潜在客户或相关方感知到，而且它真的让人兴致全无。面露难色就在暗示你并不成功。对方便会就此推断出没人买你的东西。你的窘迫神情会让对方跟你讨价还价，跟你一遍又一遍地就价格进行谈判。这会让你觉得自己被利用了，毫无成就感。尽你所能地对你自己和你的想法（或提议）保持自信，千万不要哀求或乞求。

9. 忘记某人的名字。天哪，我最讨厌的就是这一点。我最近参加了一个大项目，里面有很多男性，但只有两名女性。项目高管居然把其中一位女士的名字叫成了另一位的名字。我再重申一遍：现场只有两名女性啊！分辨出哪位是哪位根本就不难。每一次都请多加关注潜在客户或相关方的名字，并且要称呼准确。我经常被人叫作梅丽莎（Melissa）而不是我的本名米歇尔（Michelle）。对于叫错我名字的人来说，这两个名字可能比较相近；可对我而言，我会认为他们压根就不在意我到底叫什么。

10. 让自己被更“有趣”的东西分散注意力。你在和人讲话，对方却越过你的肩膀看向别的东西，然后你发现自己也转过头看向了那个方向。你有没有过这样的经历？别这样做！你会给人一种不够关心、不愿持续关注对方及其想法的感觉。

11. 没有直视对方。不直视对方会让你看起来不真诚或不感兴趣。直接的眼神交流是默契和谐的必需品。直视你的听众，但要配合短暂的眼神游移，不要死死盯着对方看。要放松面部，放松眼神，尽可能眼带笑意。

12. 夸大事实。有些人信奉“事实没有故事精彩”。对于我们感兴趣的事情，总有人愿意夸大其重要性或意义。你甚至可能并非有意为之。确切来说，这么做可以让对方坐直身子认真聆听。有时，夸大的确显得妙趣横生、活力满满；但过度夸张往往只会让人厌烦。夸张还会伴随巨大的风险：要是对方觉得你在美化、夸大或歪曲事实，他们可能就会觉得你缺乏诚信。重点是选择合适的时机，张弛有度。

13. 忘记表明自己的所求。人们没有读心术。如果你不明确表示自己具体想要什么，你的相关方就不会知道下一步该怎么做。任何时候都别忘了表明自己的所求。正如脱口秀主持人兼极具影响力的人物奥普拉·温弗瑞（Oprah Winfrey）所言："有勇气去争取才能得偿所愿。"

14. 过多谈论自己。自我介绍时，只要能做到关系融洽、亲密可信就行。到此为宜，不要多言。

15. 油腔滑调。油腔滑调是指你听起来像是在排练或是在照本宣科，这就会给人留下做作、不真诚的印象。换句话讲，你说得太好了，不像是真的。尽可能做到真实。这听起来有点违背常理，但如果你能全面规划好你的措辞、排练到不会出错、容许自己有临场发挥，甚至能外加一点小幽默，那你就能展现出最真实、最有说服力的自己。全面彻底的彩排是留下真实印象的关键。

好了，问题都解释清楚了。你想让他人本能地信任你、尊重你。你想吸引他人而非使人厌烦。当你意识到自己的错误言行后，下一步就是研究如何管控好自己的行事方式，这样你就不会无意间让他人失去兴致了。如果你意识到自己犯了上述的任何错误，那就努力转变行事方式，及时止损。

这里只是提供一些帮助你不再让人丧失兴致的方法。接下来，本书将深入讲解如何建立信任、如何让你的论点无懈可击。我会向你展示如何在不同的情境下使用不同的方式，从而让你具备说服力。你与你人生中想要的一切，都只差一个说服力的距离。因此，你要竭尽所能，确保自己在人生的方方面面都能尽可能有效地说服他人。

米歇尔有言：

“你与你人生中想要的一切，都只差一个说服力的距离。”

你是否让人意兴阑珊?

- 你很可能完全没有意识到你每天在不同的时间做的无数件小事既引人注目又令人心生厌恶。
- 或许，你在漫漫的说服之路上一直让人索然无味、冒犯他人、错失良机，而这背后的原因就在于没有人会为你那惹人不快或效率低下的说服方式做出反馈。
- 说服他人时的十五大最常见错误。

1. 流露出悲观的神色或缺乏热忱和激情。
2. 指手画脚或看起来不太靠谱。
3. 提出过多的问题。
4. 仅提供片面的事实。
5. 否认、指责或为糟糕的决定辩解。
6. 做出咄咄逼人的举动。
7. 讲太多故事去佐证观点。
8. 面露难色。
9. 忘记某人的名字。
10. 让自己被更“有趣”的东西分散注意力。
11. 没有直视对方。
12. 夸大事实。
13. 忘记表明自己的所求。
14. 过多谈论自己。
15. 油腔滑调。

- 留意你是否犯有上述错误，转变行事方式。

第三章 你没法不去影响他人

很多研究都强调了说服力在影响力中的作用。图 3–1 总结了其中一些研究，展示了人们影响他人的五种方式。这五种方式是连续递进的，从消极被动到坚定自信，再到咄咄逼人。

说服力在影响力中的地位

如图 3–1 所示，在影响力中，消极被动的方式是示范和指导，咄咄逼人的方式是强迫和命令。说服力处于影响力的中间位置，它是在影响他人的过程中采用的一种坚定而又自信的方式。

诀窍

米歇尔有言：

“说服力是在影响他人的过程中采用的一种坚定而又自信的方式。”

咄咄逼人		坚定自信	消极被动	
强迫	命令	说服	指导	示范

图 3-1　影响力的五种方式

我们每天都会在影响力的五种方式中来回变动，这主要取决于两个因素：

1. 时间。

2. 关心系数。

打个比方，假设你在开车，你三岁的孩子正安安稳稳地坐在后座的增高座椅上。红灯亮起，你停下车，转头看向后座，确保孩子安然无恙。结果你发现一点都不安全。孩子们早就解开了安全带，在后座上蹦来蹦去地撒欢儿。面对此情此景，你会脱口而出说些什么？想必会以非常严厉的口吻说道："赶紧把安全带系好！"

在上述例子中，你的时间很有限，因为绿灯很快就要亮了，而你又非常担心孩子，害怕后果不堪设想。你想让孩子稳稳当当、安安全全，不想因为车上的孩子没系安全带而收到交警的罚单。这个例子就表明，如果你处在十分紧急又风险极高的状况下，你做出的选择很可能会与时间充足时大不相同。你往往会使用强迫或命令的手段，而非示范或指导的方式。

用咄咄逼人的方式说服他人

强迫和命令性的言行既有明显和隐晦之分，也有自知和不自知之别。也就是说，人们在采用咄咄逼人的沟通方式时，未必总能自我察觉。无论意欲何为，强迫和命令性的言行对参与其中的每个人往往都有害无利。

我们都碰到过那种什么事情都要管的大领导。他们总给人一种“要么按我说的做，要么卷铺盖走人”的感觉。要是你也有这种领导，那他们肯定采用了强迫性的言行（告诉你事情到底该怎么做）。你或许会面带大大的微笑，按照他们的要求行事；或许会点点头，满怀激情地说“我这就去办”。他们觉得自己赢了。但你知道这种方式并不会持久。事实是，你或许早就背着这位咄咄逼人的领导去招聘网站另谋高就了。用咄咄逼人的方式影响他人并不能产生双赢的结果。

用消极被动的方式说服他人

图 3–1 所示的指导和示范是以消极被动的方式说服他人的两种形式。和咄咄逼人的强迫与命令性言行类似，指导和示范这两种消极被动的方式也有明显和隐晦之分、自知和不自知之别。换言之，人们在采用消极被动的沟通方式时，也未必总能自我察觉。有时，消极被动的影响方式并非坏事。

伊恩（Ian）的故事：示范与指导的实例

写作本书之时，我已经结婚 25 年了。我丈夫伊恩在我们大部分的婚姻生活中都是一位“家庭主夫”。我三女儿安娜贝尔（Annabelle）出生之时，我们就决定：伊恩主要负责管家，我出去挣钱。所以我的三个女儿都成长于母亲外出工作、父亲照看家庭的环境中。

安娜贝尔三岁左右的时候，伊恩总会和她玩一个非常有趣的游戏。每天结束之时，伊恩就会问安娜贝尔："安娜贝尔，你今天都做了什么呀？"女儿的小手总是掐着腰骄傲地回答道："爸爸，我今天去幼儿园啦。你都做了什么呀？"

日复一日，伊恩都会编造各种各样的答案。有一天他说："哦，安娜贝尔，今天我去当巫师啦。"只见女儿的眼睛瞪得溜圆，似乎是在想爸爸真是太酷了。有一天他说："今天我乘着火箭飞船飞向月球啦！"只见女儿又露出惊讶的神色。她可太喜欢自己这位冒险家爸爸了。女儿身为澳大利亚人，摇摆演唱团（The Wiggles）一直是她最喜欢的一个儿童音乐团。有一天伊恩就说："安娜贝尔，我今天是棕色的摇摆歌手哟！"

有一周结束后，安娜贝尔像往常一样从幼儿园回家。和伊恩讲了她的一天之后，她就问爸爸这一天做了什么。这一回，伊恩回答道："哦，安娜贝尔，今天我去上班啦。"安娜贝尔愣了一下，然后就皱起了眉头，不断地摇头，最后大喊道："不，你没有。男孩子才不会去上班！"

巫师爸爸、能飞向月球的爸爸，甚至棕色的摇摆歌手爸爸，安娜贝尔都喜欢。可她就是不相信他去上班了。

当然，这里的重点是我们总是在影响他人，即便我们的本意并非如此，影响也在悄然发生。我和伊恩从来都没打算为我们的三个女儿树立“女人工作、男人管家”的典范。我们只是和大多数人一样，以适合自己家庭的方式尽最大的努力过最好的生活。可事实是，即便我们并非有意，我们也无时无刻不在影响着他人。从你今天决定穿什么衣服，到你生气时对同事的反唇相讥，都是潜移默化的影响。

你没法**不去**影响他人，记住这一点至关重要。你时时刻刻都在产生影响，可能是以咄咄逼人的方式，也可能是以消极被动的方式。所以，多留心、关注自己的影响力（或许对自己的影响力多一些坚定和自信）也很重要。让我们在和相关方沟通时，多一些感同身受，多一些体贴入微。

米歇尔有言：

“你没法不去影响他人。”

如果你能培养自己的说服技能，并在影响力的五种方式上更坚定、自信，你就能得偿所愿、实现共赢。正如美国经济学家兼作家马克·史库森（Mark Skousen）所说：“说服力战胜武力是文明社会的标志。”换言之，你没必要以粗鲁或讽刺的方式达成所求，没必要咄咄逼人。若你能培养说服技能，你不仅能如愿以偿，还能让人人受益。遗憾的是，我们往往不去专注于说服技能的提升。

我们为什么不培养说服技能?

倒也并非我们不想。未能达成所愿（诸如换新工作、加薪、为自己的想法寻求支持）是很痛苦的，会让人很挫败。所以并非我们不想培养说服技能，只是没人教我们怎么培养。

上学的时候，没人教我们怎么把事实说得打动人心，也没人教我们怎么在建立个人可信度的同时还不会让人感觉自己在吹嘘或炫耀。没人教我们怎样真正和人建立联系，也没人和我们讲过如何释放自己的魅力。归根结底，就是没人教过我们怎么去说服他人。所以，我们对他人有所求时，到底该怎么做呢？我们会再试试上一次得手的方式。我们不过是在孤注一掷，希望能得到最好的结果。诚然，我们的确有获胜的时候；可有时，我们却一败涂地。

我们先来谈谈失败

说服成功的对立面并不仅仅是说服失败那么简单。缺少说服力往往不会产生温和无害的结果，即你讲话，对方或听或不听，讲完之后大家就都走开了继续各干各的、毫无影响。

对话的过程中，如果我们不去说服对方，他们通常不会怀着若无其事的态度走开。相反，缺乏说服力会让对方感到十分失望、意兴阑珊或是怒气冲冲。他们甚至会因为你没能成功说服他们而失去对你的尊重。

搞砸一个说服性场合就要应付更多恼人的会议，面临更多来来回回、效率低下的决策制定。这浪费时间的痛苦经历就好像自己的脑袋在撞墙一般苦不堪言。

有效利用说服力

有效利用说服力是很重要的，因为如果你与相关方沟通时没有全力以赴，那你的言行就没有任何意义。相关方未能受益不说，你也辜负了自己的努力。

正如瑞士心理学家兼分析心理学的创始人卡尔·荣格（Carl Jung）所言："潜意识若未能成为意识，它便会操控你的人生，而你称其为命运。"

通过阅读本书，你将获得其中的所有技巧和能力，以此来证明你的可信度、维护个人权威、建立友善关系、激发激情和热忱。遵循书中的方法，你在任何时刻都将尽展说服力。成功不再是命运说了算，而是由你说了算。

你没法不去影响他人！

- 我们每天都在咄咄逼人、坚定自信和消极被动的影响力上来回变动，这取决于我们有多少时间以及我们对当下的事情有多关心。
- 用咄咄逼人的方式说服他人的手段是强迫和命令。
- 用消极被动的方式说服他人的手段是指导和示范。

- 说服力是在影响他人的过程中采用的一种坚定而又自信的方式。
- 若你能提升说服技能，那你不仅能如愿以偿，还能让他人受益。
- 没人教我们如何说服他人，所以我们往往只能孤注一掷，希望能得到最好的结果。
- 说服成功的对立面往往不是产生温和无害的结果——它会让你失望、困惑、失去尊重并浪费你的时间，令你苦不堪言。
- 说服成功与否，不由命运说了算。

第四章 说服 vs 操纵

与说服力相关的书籍都免不了要探讨说服和操纵之间的区别。对于这个问题，我已经思索几十年了。我认为，理解说服与操纵之间的区别是很重要的。要说服他人，你就要清楚自己的意图——谁都不想深夜无眠，为自己当天对待他人的方式心生愧疚和歉意。其实，说服性沟通而非操纵性沟通对沟通中的各方来说都会是一种愉悦舒畅的体验。

在第三章中，我介绍了影响力，同时提到我们每天都在这个影响力的各个点位上来回变动。我们从消极被动转变成咄咄逼人，再退回消极被动，每天都可能在循环这个过程。

那操纵与影响力连续体的联系又在哪里呢？

我们先来看一下相关词语的定义。

- **操纵：**精明地或有心机地影响或管理他人。
- **哄骗：**通过不断诱导或奉承来说服某人做某事。
- **催促：**迫使或敦促某人采取行动。
- **引诱：**通过燃起希望或欲望来吸引某人（共同诱惑）。
- **诱捕：**抓捕或设陷，以诡计俘获对方。

看了这些词及其定义之后，你有什么感想？我对上述任何一个词都无感。你或许会想用上述招数来达成所想，但会付出怎样的代价呢？

什么是操纵？

实行有害的影响便是操纵。操纵的一系列言行，要么来自消极被动的影响方式，要么来自咄咄逼人的影响方式，甚至有人会将操纵定义为“被动性攻击行为”。说服和操纵不可能同时进行。

诀窍

米歇尔有言：

“说服和操纵不可能同时进行。”

操纵者会通过打击相关方的精神需求和情感需求来达到自己的目的。有时，操纵者甚至在无所察觉的情况下，运用了多种策略来掌控对方。这种掌控对对方来讲有百害而无一利，纯粹是操纵者自己的淫威作祟。

操纵可以发生在职场、家庭等各类人际关系中。操纵者会用愧疚、谎言、对比、抱怨、责备和攻心战来满足自己的所求。

我们得说清楚：操纵并非说服。我们不推荐操纵，操纵也绝非本书讲解的内容。

下面两个词字面不同但意义相关，我们来看一下它们的释义。

- **让人信服：**（通过摆论据或证据）提出观点或行动方针。
- **说服：** 利用论证、推理等方式，在相关方制定决策的过程中，引导对方采取行动或接受观点，有一定的自由度。

所以，使他人信服或说服他人是能让所有人共赢的。不论身处何种说服性场合，你都要让人感觉到他们处在能获胜的一方，而且他们有权自主做出选择。不要让对方觉得自己被迫做了不愿意做的事。

从说服者的角度来说，你不应因一时的头脑发热而做出事后让自己感到愧疚或抱歉的不光彩之举，或是做出并不引以为傲的言行。你不该觉得自己在“强买强卖”。没有人会在对方怏怏不悦的情况下依然自我感觉良好、喜笑颜开。你会希望夜晚躺在床上回想这一天时，也能对你与他人的沟通感到心满意足。在接下来的几章中，我会介绍你可以采取的各种措施，来让你对自己的说服方式引以为豪。

诀窍

米歇尔有言：

“没有人会在对方怏怏不悦的情况下依然自我感觉良好、喜笑颜开。”

你在以理服人还是故弄玄虚？

要判断自己是在说服他人还是操纵他人，关键是要想清楚自己的关注点或意图。如果你只是一门心思想满足自己的需求，完全不参考或不关心相关方的需求，那你很可能是在以操纵性的方式去影响他人。

如果你承认自己必须要不惜一切代价改变对方的想法，你往往就会动用各种手段（包括欺骗或诡计）来达成所想。相反，如果你对相关方的需求和愿望倾注百分之百的关心，你就会理解，相关方是需要能感觉到自己有决策自由度的。你也会因此很难耍诡计、欺骗他人。

谁在意你是不是在操纵他人呢?

你的潜在客户或相关方就会在意你是不是没有在说服，而是在操纵他们。这个问题的关键点就在这里。如果你的潜在客户或相关方感到自己是被诱导、欺骗或强迫才购买了你的产品或服务、支持了你的宏图高见，交易一旦达成，他们就很有可能陷入“买家懊悔”的情绪中，你就多了位闷闷不乐的客户。没准就会有人找你退钱，或者“到处宣传”你在项目团队或委员会里不值得被信任，这样很可能会损害你的声誉。

自我测试

还好，你可以进行自我测试。在说服之前，一定要设身处地为相关方或潜在客户着想。自测一些问题，保证自己能以最有效的方式应对这个场合。

要想确定自己有没有设身处地为相关方着想，问自己以下几个问题。

1. 对话开始之前，他们在想什么、做什么、有什么感受？
2. 对他们来说，重要的是什么？
3. 他们希望从本次讨论中达成什么？
4. 结束对话后，他们希望有什么感受？
5. 该场合下，对他们最有利的是什么？
6. 彼此的双赢局面是怎样的？

你之后可以在整个说服性场合中用类似的问题来自测，避免自己跨越说服和诱骗的边界，让自己始终处于安全之地。

这可不仅仅是语义的区别，确保全员共赢才是关键。

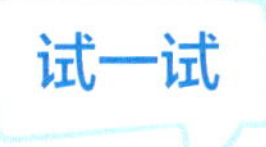

回想你影响他人的方式。在日常交往中，你是消极被动、坚定自信还是咄咄逼人？

你需要做出怎样的改进或调整让自己值得信赖，从而在任何沟通场合下都能大获全胜？

米娅（Mia）的故事

米娅在销售部上班。她很喜欢她的公司、同事和产品。她深信人人都需要她出售的东西。米娅来找我培训是因为她被控夸大宣传。有些客户投诉她在宣传产品时夸大了好处和特性，所以她想来学一学怎样能满怀热情而又不至于过犹不及。

我们往往在说服他人时，会习惯性地把我们的产品或服务或宏图高见的全部优点都告诉对方。我们对自己提供的东西充满热情，一腔助人之心难以安放，这很自然。

但你不该把已知的全部信息和盘托出，因为你的受众有自己的购买动机，也有权拒绝购买。只有当你能满足**他们的**需求时，他们才会付款。他们没必要了解所有的信息，只要知道能让他们付款的那部分就可以了。你说得越多，他们就越容易心生抵触。

米娅找到我时，我给她介绍了商业中说服性演讲的三段法则。总结下来，这三段法则分别如下。

1.分析。分析出你的相关方是谁、他们当前的状态如何、你想将他们转变到何种状态。你可以提供什么？换言之，你要明确：你的独家卖点在哪里？这封邮件或这场会议或这次会谈过后，你预期的状态如何？在这一阶段，你要做好思想准备。你要站在相关方的角度考虑问题，找出在说服性场合下最实用、最有效的方案。

2.设计。巧妙设计你的信息，让它能满足相关方的所需并达成你的所想。要想获得最佳结果，你将如何向不同的相关方推介你的提议或想法？

3.演讲。充分排练，关注听众，用深入人心的方式展开演讲。

现在，米娅在组织语言、传递信息的时候就会用到上述的三段法则，从潜在客户的角度考虑问题。她会更加认真聆听，不再过度宣传，保证自己不再让相关方淹没在各种好处或细节的介绍里。好消息是，米娅的新方法收获了所有相关方的一致好评——她的经理也对她赞不绝口。早就没人记得米娅当年是个“操纵者”了。

在本书接下来的章节中，我会更详细地讲解各种说服方法，包括我的“说服蓝图”。要想了解更多有关商业说服性演讲的信息，可以阅读我之前出版的《如何演讲：用制胜技巧呈现观点、影响他人的终极指南》。

说服 vs 操纵

- 理解说服与操纵之间的区别是很重要的。要想影响他人，就要清楚自己的意图。
- 实行有害的影响便是操纵。操纵要么来自消极被动的影响方式，要么来自咄咄逼人的影响方式。
- 说服和操纵不可能同时进行。
- 说服他人是能让所有人共赢的，还能避免你因一时的头脑发热而做出事后让自己感到愧疚或抱歉的不光彩之举。

- 如果你只是一门心思想满足自己的需求，完全不参考或不关心相关方的需求，那你很可能是在以操纵性的方式影响他人。
- 如果你的潜在客户或是相关方感到自己是被诱导、欺骗或强迫才购买了你的产品或服务、支持了你的宏图高见，交易一旦达成，他们就很有可能陷入“买家懊悔”的情绪中，而你就多了位闷闷不乐的客户。
- 你可以自测一下。在说服之前，一定要设身处地为相关方或潜在客户着想。

第五章 四种说服类型

我在做推介培训师的这些年里，遇到了很多客户，他们都想在职场和家庭中拥有说服力。我经常会接手一些高端的商业案例，帮竞标团队赢得价值 5 亿至 7 亿美元的交易。我帮助待出售的企业顺利走过收购流程，帮高管做战略推介以获得董事会批准，帮分析师为企业成功推介解决方案，帮科学家和学者争取资金，帮领导说服团队成员、帮团队成员说服领导。我还帮助人们建立勇气和自信，让他们从容应对团队会议、积极发言。我的目标向来都是让人们成为最有说服力的自己、尽最大可能获得成功。

这些年来，我在工作中愈发觉得，大多数人都不清楚自己当前的说服长项和弱项。即便是在销售行业工作的人很多时候也是在即兴发挥。所以，我打算用一种方法，让人们能够洞悉自己当前的说服长项以及有待加强的说服弱项，从而提高说服力，并在更多场合下展现说服力。

经过多年的研发，我确定了四组“关键说服指标”（KPI）。基于这四组 KPI，我还开发出了四种说服方式或说服类型。很多人没有意识到自己其实更倾向于某种或某几种说服类型，在希望影响到对方的场合中，总使用同样的方式。对本人偏好的说服类型有更多的了解，你就能更好地认识到自己当前的说服长项和弱项。然后，你就可以根据对方和所处场合，开始学习使用其他的说服方式了。

理解关键说服指标

我们都被他人以不同的方式说服，这反过来又影响了我们说服他人的方式。

说服力相关研究表明，我们被对方说服到何种程度取决于对方是否有效地拿下了我们的 KPI。

针对人们被说服时关注点的不同，我们可以把这些 KPI 分为四组。这四组 KPI 及其具体内容详见表 5–1。

不论是出于感性还是理性，我们都会给每组 KPI 设定不同的重要程度。例如，有些人是不会被你说服的，除非你的论点合理、有逻辑、以可验证的事实和研究为依据。还有的人真正在意的是发言者本人的可信度。他们要知道你本人在董事会上有一席之地，还要感受到你身上散发出的气场。他们得清楚你是值得信任的人，因为你得是所在领域的权威。还有一些人需要知道你在关心他们。他们需要先和你建立深厚的情感联系，然后才能敞开心扉、被你说服。还有一种人要感受到你的热忱和激情才会被你说服。你的热情要深深地感染到他们。

你可能会发现对你很重要的 KPI 不止一组。这代表你可能有一个强偏好、一个弱偏好和一个次弱偏好。

表 5-1　四组关键说服指标

组别	指标
第一组 KPI	这个论点是否言之有物？ 这个论点是否合情合理、符合逻辑？ 我是否认为这项观点有意义？ 这套说辞是否无可辩驳？
第二组 KPI	对方是该领域的权威人士吗？ 他值得信赖吗？ 我尊重他吗？
第三组 KPI	对方是否包容、和善？ 他在意我和我的需求吗？ 面对他时，我心情舒畅吗？ 我对他有好感吗？
第四组 KPI	对方打动你了吗？ 他令人目不转睛吗？ 我被他的自信鼓舞了吗？ 他的热忱和激情有感染力吗？

诀窍

米歇尔有言：

“不论是出于感性还是理性，我们都会给每组 KPI 设定不同的重要程度。”

四种说服类型简介

如前所述，我运用这四组 KPI 开发出了四种说服类型。

这四种说服类型及其对应的 KPI、描述词和说服方式都已列在表 5-2 中。

表 5-2　四种说服类型

类型	KPI	描述词	说服方式
猫头鹰	第一组 KPI	聪明睿达	建立信息可信度
雄鹰	第二组 KPI	居高临下	展现个人权威
鹦鹉	第三组 KPI	彬彬有礼	建立良好关系
孔雀	第四组 KPI	魅力迷人	点燃热忱和激情

我虽然分出了四种，但只有极少数的人只擅长其中一种说服类型。

如果你之前发现自己倾向一组或两组 KPI，那这里也类似，你也会发现自己擅长两种（甚至三种）说服类型。你总能在上述列表中找到自己的位置。若能对你的说服方式以及其他几类的说服方式和言行多些了解，你就能加强长项、改善弱项。你还能根据场合或相关方的需要变换说服类型，呈现其他类型的举止言行。

诀窍

米歇尔有言：

"只有极少数的人只擅长其中一种说服类型。"

为什么用鸟类来描述说服类型?

企业会用到几种心理评估工具帮助员工发现自己的优劣势。常见的包括迈尔斯·布里格斯类型指标（MBTI）和 DISC 职业性格测试。你之前可能也用它们测过。

我发现，如果解释说服类型的模型太过学术化或理论化，你在专注说服之际就很难想起每种类型的特点。记不起特点，就很难灵活调整说服方式，这样你就很难成功说服相关方。

我之所以选择用鸟来描述我的说服模型，是因为这几种鸟本身的特点完美匹配这四种说服类型。将鸟与各个类型相对应可以让你更快捷地判断出人们在广阔世界中的说服偏好，从而借此调整说服方式，扩大说服圈、达成所想。

下面我将介绍各个类型。本书第二部分会对各个类型进行深入探索，并讲解如何培养或巩固这些技能。

类型一：聪明睿达的猫头鹰

猫头鹰被视为一种睿智的动物，这是因为它们的那双大眼睛给人感觉它们仿佛能洞悉周遭的一切。其实，它们的眼睛根本动不了，得转动头部才能看向别的方向。这就给人留下全神贯注、目不斜视的印象——好像它们始终都在认真倾听。它们很少在人类面前发出叫声。猫头鹰也与少言寡语的神秘感联系在一起。

这或许会让你联想到人们对内向者的判断，即最睿智的人也经常保持沉默。确实如此，心理学家莱昂·F. 塞尔策（Leon F. Seltzer）教授认为：“聪慧睿智的人比愚昧无知的人说话更少、沉默更多、倾听更多。”也就是说，若不能言之有物，那就做个聪明睿达的猫头鹰，不说为妙！

猫头鹰被视为睿智的动物还因为它们具有高度敏感的感官

和隐匿行踪的能力，可以来去无踪、不被察觉。古时候，人们普遍认为是一种神奇的光赋予了猫头鹰超凡的夜视能力，让它们能做到大多数生物都做不到的事。职场中，聪明睿达的猫头鹰也常常暗自行动、不被注意。他们游走在职场和家庭间，没有丝毫大惊小怪抑或是慌乱紧张，就能把任务完成。他们也鲜少在会议上发言。他们一旦提出任何看法，都会以深入的研究和缜密的逻辑推理为依据。

古希腊人将猫头鹰与智慧女神雅典娜联系在一起。文学著作中描绘的雅典娜拥有“猫头鹰般的眼睛”和“猫头鹰般的面庞”。她怀里还常常抱着一只猫头鹰，相传，它能向女神揭示真相。据古希腊神话记载，猫头鹰那双迷人的大眼睛和庄严的外表深深吸引了雅典娜女神，因此，猫头鹰成了女神最喜欢的鸟，受到女神的庇护。由于雅典娜女神、智慧和猫头鹰之间的这种关联，猫头鹰自然也被视作智慧的化身。有这样一种说法，如果在战斗前，希腊士兵的头顶有猫头鹰飞过，就会被视为胜利的标志，因为他们得到了雅典娜女神的祝福。雅典娜的猫头鹰也被印刻在希腊钱币的背面，用以密切关注雅典的贸易和商业。

猫头鹰在罗马神话中也是智慧的象征，密涅瓦就是罗马神话中的智慧女神。这位女神也宣称猫头鹰是她的象征之一。据传，在罗马帝国初期，恺撒、奥古斯都的死就是由一只聪慧的猫头鹰预言的。维吉尔创作的拉丁语史诗《埃涅阿斯纪》也记载了猫头鹰的预言能力，这也进一步强化了猫头鹰的智慧特征。

在英国民间传说中，尖叫的猫头鹰预示恶劣的天气。如果天气糟糕时听到猫头鹰在叫，人们便会觉得要变天了。

可见在历史的长河中，智慧和猫头鹰总是密切相关。

聪明睿达的猫头鹰如何说服他人？

聪明睿达的猫头鹰喜欢通过建立信息可信度的方式来说服他人。之所以称他们聪明睿达，是因为他们独具慧眼，擅长辨真伪、识对错。

他们的典型特征如下。

- **抽丝剥茧：**对事物展开认真、系统的研究。
- **鞭辟入里：**做出谨慎的判断或评估。
- **独具慧眼：**具备良好的判断能力和理解能力。
- **沉着公正：**不为个人情感所动，不带个人偏见。
- **聪明过人：**思维能力强。
- **能谋善断：**善于在仔细思考后提出意见或建议。
- **逻辑性强：**基于正确的判断提出合理的观点。
- **有条不紊：**运用系统的方法。
- **胸有成竹：**井井有条、准备充分。
- **富有理性：**善用推理、合理的判断或正确的决策。
- **刻苦钻研：**针对某一主题展开详细研究。
- **勤奋好学：**学习能力强。
- **清醒自持：**秉持严肃、理智的态度。
- **深思熟虑：**深入考量、细心思索、兼权尚计。

他们的常见行为如下。

- 先分析数据，后得出结论。
- 以为大家都会和他们一样喜欢分析。
- 开展全面深入的研究。
- 面对敌意时保持沉着冷静。
- 深入理解论点以做出良好的判断。
- 根据证据和透彻的分析提供合理的论据。
- 使用合乎逻辑、层次分明的结构来概述其论点。

他们的经典台词如下。

- “我喜欢基于事实和分析提出合理的论点。”
- “事实胜于雄辩。”
- “任何有逻辑、有头脑的人都会同意我的观点。”

他们的潜在弱点如下。

- 可能过度依赖复杂数据。
- 往往深陷细节之中无法自拔。
- 学究气过重会让听众在重重细节中失去兴致，或让自己忽略全局。
- 过分客观会让人觉得脱离现实、思维僵化。
- 可能更注重炫耀才识，而非赢得人心。

根据自己的主导说服类型判断，如果你是聪明睿达的猫头鹰，你或许要在以下几方面下功夫。

- 树立个人权威。
- 建立良好关系。
- 点燃热忱和激情。

类型二：居高临下的雄鹰

鹰是体态庞大、性情凶猛的猛禽。几个世纪以来，它们一直是权力的象征。秃鹰是一个威严的物种，是力量和权力的化身。哲学家马茨霍纳·德利瓦约（Matshona Dhliwayo）有言："雄鹰历经狂风骤雨的洗礼，赢得无上的荣光。"换言之，居高临下的雄鹰并非新手，他们有经验，你完全可以相信他们知道什么才是最佳方案。

雄鹰以优雅之姿，展现出自信不疑的态度。它们尊贵体面又趾高气扬。选择伴侣时，它们奉行"至死不渝"。居高临下的雄鹰拥有个人权威，可以依靠他们完成任务。"成果"被毁时，居高临下的雄鹰会有紧迫感，会不舍昼夜地工作，以达到超过预期的效果。雄鹰不会让它们对食物的渴求凌驾于战术思维和诡谲能力之上，而居高临下的雄鹰在职场中及其他场合下也会展现出类似的特质。工作中，他们以身作则，尽己所能出类拔萃。

鹰在求偶时，不只会在上升的热气流间盘旋翱翔。它们会表演一场叹为观止、俯冲而下的求偶仪式，双双翻腾、自由下落——天空为它们所有！

居高临下的雄鹰如何说服他人？

居高临下的雄鹰喜欢通过展现个人权威的方式来说服他人。之所以称他们居高临下，是因为他们坚定自信、威风八面，自信的气场能鼓舞人心。

他们的典型特征如下。

- 口齿清晰：能轻松且清晰地表达观点和感受。
- 坚定自信：为心中的所想所愿振臂疾呼。
- 享有权威：是信息、建议和专业知识的来源，自信且值得尊敬。
- 令人信服：让人们觉得真实可信。
- 居高临下：拥有权威，渴望被关注。
- 泰然自若：沉着冷静，能控制情绪。
- 信心满满：拥有自信心。
- 言而有信：受人信赖。
- 经验丰富：身经百战，拥有丰富的知识和高超的技能。
- 行家里手：拥有某一领域的高水平知识和技能。
- 态度强硬：能有力地表达观点。
- 品格高尚：拥有高尚的原则。
- 威风八面：举足轻重、庄严或声势慑人。
- 受人敬仰：因其品质或成就而受到钦佩。
- 值得信赖：可靠、诚实、可信、可托付。

他们的常见行为如下。

- 基于价值观或原则判断对错之后，认为应该采取行动。
- 不会回避难题。
- 利用例子、类比和故事来证明其专业性。
- 会有力表达观点。
- 在压力下镇定自若。
- 喜欢自我推销。

- 努力让人们认为自己是行家。
- 使用权威、自信且居高临下的语气。

他们的经典台词如下。

- “这件事我之前做过，你们相信我就好了。”
- “在这方面，我比你们懂得多。”
- “你可以相信我。就按我说的做吧。”

他们的潜在弱点如下。

- 可能更关心以自己的方式行事，而非注重融洽关系的建立。
- 愿意统领、接管事项。
- 对经验较少的人提出的观点较为苛刻。
- 人们会觉得他们很傲慢。
- 人们会觉得他们经常说教、缺乏耐心、自觉高人一等。

根据自己的主导说服类型判断，如果你是居高临下的雄鹰，你或许要在以下几方面下功夫。

- 建立信息可信度。
- 建立良好关系。
- 点燃热忱和激情。

类型三：彬彬有礼的鹦鹉

此处的鹦鹉指的是虎皮鹦鹉——一种体形较小、尾巴较长、以植物种子为食的鹦鹉，是一种常见的家养宠物。（世界上有些地方会称其为“长尾小鹦鹉”。）

科学家总会研究一些鲜为人知但又十分有趣的东西。2015年之前，科学家认为“打哈欠会传染”的现象会出现在（除人类以外的）三个物种中。你肯定也有类似的经历，你看到你朋友打哈欠，也会不自觉地打起哈欠。这三个物种分别是大猩猩、狗和实验小鼠。2015年科学期刊《动物认知》上的一篇文章称，虎皮鹦鹉打哈欠也会传染。而且，重要的是，科学家认为，虎皮鹦鹉不仅仅是在配合或模仿打哈欠时张嘴的动作。其实，它们是对另一只引起它们打哈欠的鹦鹉产生了深切的情感联系和同理心，哪怕它们不在一个笼子里。鹦鹉喜欢群居，需要同类的陪伴。它们在野外喜欢成群结队地生活。甚至在一些地方，雨过天晴，你会看到一大片鹦鹉，有时数量可达上万只，彼此互动交流。鹦鹉们是建立融洽关系的“重量级选手”。

在工作场所或其他社交场合，你会发现彬彬有礼的鹦鹉们外出吃午饭时，会和人站在走廊里开怀大笑，他们往往会和大家融为一体。正如行为科学家史蒂夫·马拉博利（Steve Maraboli）所说：“不要等着他人满怀爱心、给予、同情、感激、谅解、慷慨或友善……你先来！”彬彬有礼的鹦鹉们肯定将这条建议放在了心上。

彬彬有礼的鹦鹉如何说服他人？

彬彬有礼的鹦鹉喜欢通过建立良好关系的方式来说服他人。之所以称他们彬彬有礼，是因为他们蔼然可亲、体贴入微，能够很自然地与他人建立融洽的关系。

他们的典型特征如下。

- **坦诚相待：**用开放、诚实的方式表达意见和情感。
- **体贴关怀：**富有同情心，能给予情感支持。
- **解纷排难：**会努力赢得善意、减轻敌意或解决争端。
- **关系密切：**与他人关系亲近。
- **能言善辩：**善用巧思尊重他人立场，而非冒犯他人。
- **古道热肠：**在他人意想不到的情况下依然能很自然地、令人心悦诚服地与人建立融洽关系。
- **感同身受：**能够体会到对方的感受。
- **慷慨大方：**不吝给予或分享。
- **赤诚相待：**真诚、实在，不虚伪。
- **与人为善：**拥有善良友好、乐于助人的感情或态度，乐于提供认可和支持。
- **兴致勃勃：**被人或事所吸引，并希望能给予对方特别的关注。
- **讨人喜欢：**和善、平易近人、人缘好。
- **思维开放：**不轻易下定论、思维不闭塞。
- **尊重他人：**钦佩对方、礼貌待人、心怀敬畏。
- **蔼然可亲：**充满关爱、感激和同理心。

他们的常见行为如下。

- 积极主动结交他人。
- 想方设法帮助他人。
- 真诚赞美他人。
- 待人没有偏见，真心接纳对方。

- 能快速与多数人建立融洽关系。
- 能记住他人的关键信息。
- 会积极聆听。

他们的经典台词如下。

- “人们得先知道我关心他们，之后才会关注我的想法。”
- “付出的越多，得到的就越多。”
- “我们休戚与共。”

他们的潜在弱点如下。

- 会让人觉得缺乏权威。
- 被当成和事佬。
- 会忽视自己的目标或需求。
- 会让人觉得容易掌控。
- 太过友好会让人觉得难以置信、不真诚。

根据自己的主导说服类型判断，如果你是彬彬有礼的鹦鹉，你或许要在以下几方面下功夫。

- 建立信息可信度。
- 树立个人权威。
- 点燃热忱和激情。

类型四：魅力迷人的孔雀

孔雀生来便夺人眼球、魅力迷人。这是它们的强项。孔雀在求偶时，会使出浑身解数吸引对方。有人以为是雄孔雀在挑选伴侣，但其实是雌孔雀在决定交配对象。所以，雄孔雀必须想方设法地获得雌孔雀的青睐。科学家发现，雄孔雀在交配季，会去找任何反光的地方（镜子，甚至是轮毂盖）检查仪态，以确保自己是最好看的那个。在求偶方面，它们绝对全力以赴。

你见过雄孔雀求偶的场景吗？它们可不仅仅只炫耀自己那绚丽的羽毛，而是挖空心思表演。它们会抖动摇晃、昂首阔步，甚至会魔幻尬舞。简直是志在必得。它们仿佛在说："我必须把你拿下！必须把你拿下！快看我！快看我！选我！选我！"（与它们同名的澳大利亚本土孔雀蜘蛛在求偶时也会激情热舞。）

有趣的是，孔雀在求偶时会发出很讨厌的噪声。科学家发现，小型孔雀会在求偶时持续发出同样的鸣叫声，让人以为它们相当受欢迎。这是影响力策略中的一个经典例子，叫作"社会认同"，即别人在做的事情，你也跟着去做（打个比方，你们小区每个人都买了电动汽车，于是你也买了一辆）。于孔雀而言，雌孔雀若听到雄孔雀不断发出这种可怕的声音、制造各种骚动，科学家认为雌孔雀此时就会在想："这位看来挺抢手啊。一直在叫。"因此，最吸引异性的孔雀终会抱得美人归，并得以繁衍生息。

在工作场所或其他社交场合中，魅力迷人的孔雀也会展现出同样的魅力，他们常常会精心"表演"一番，以调动观众的热情、增添娱乐气氛、鼓舞人心。苏格兰哲学家休谟的这句话或许可以诠释魅力迷人的孔雀："雄辩，当达到最高境界之时，几乎不会给人以推理判断或反思咀嚼的余地，而是完全陈述自己的欲望和情感，吸引愿意倾听的人，并操控他们的理解力。”

魅力迷人的孔雀如何说服他人？

魅力迷人的孔雀喜欢通过点燃热忱和激情的方式来说服他人。之所以称他们魅力迷人，是因为他们寻求关注、散发魅力，让人情难自禁。

他们的典型特征如下。

- 引人注目：外表或举止让人心旷神怡、心生愉悦。
- 魅力迷人：极其有趣、兴奋、愉悦或迷人，从而吸引关注。
- 魅力四射：拥有吸引他人注意或令人心生艳羡的独特品质、吸引力或魅力。
- 风采迷人：让他人心生愉悦，令人着迷。
- 信心满满：拥有自信心。
- 言之凿凿：能强烈、清晰地表达观点。
- 热情洋溢：对事物有强烈的兴趣。
- 善于表达：极具表现力，用以传达意义或感情。
- 感染力强：能让他人接受自己的积极情绪，加入自己的阵营。
- 振奋人心：唤起积极的想法和情感。
- 趣味十足：以不同寻常、激动人心、内容丰富的方式吸引注意力。
- 倾耳注目：拥有持续吸引他人注意力的超凡技能。

- **积极乐观：**秉持积极向上、满怀希望的观点。
- **外向开朗：**大大方方、待人友善、精力充沛、乐于助人。

他们的常见行为如下。

- 沟通时自信满满、活力十足，往往比较夸张。
- 会因成为焦点而心生愉悦。
- 穿着时髦或着装独特。
- 表达热忱、激动和快乐等情感时很直接。
- 担当聚会中的社交达人。
- 讲述令人难忘的故事以娱乐或启发听众。
- 运用表现力强、生动活泼的沟通方式。

他们的经典台词如下。

- “大千世界是个舞台。”
- “我对此充满热情。你也应该如此。”
- “要么出众，要么出局。”

他们的潜在弱点如下。

- 人们会觉得他们太夸张。
- 人们会觉得他们太肤浅。
- 会被认为“太过头了”。
- 花太长时间才会讲到重点。
- 会为了娱乐而过分夸大事实。

根据自己的主导说服类型判断，如果你是魅力迷人的孔雀，你或许要在以下几方面下功夫。

- 建立信息可信度。
- 树立个人权威。

- 建立良好关系。

针对四种类型，如何兼顾可信度和魅力度?

如图 5–1 所示，我用四种特点鲜明的鸟类创建了我的四种说服类型模型。这一模型突出了三个说服偏好，用来解释四种类型间的相同点和不同点。这三个偏好分别如下。

1. 可信度。

2. 魅力度。

3. 主导力。

记住，在现实中运用这四种说服类型时，你的说服方式很大概率是最贴合你本人的那两种或那三种类型的混合体。很少有人只贴合唯一一种类型。虽然现实中会有多种类型的“混合体”，但若能识别出这四种类型并确定自己贴合的那几种，你就可以找出自己的优劣势，进而提升你的整体说服力。

米歇尔有言：

“在现实中运用这四种说服类型时，你的说服方式很大概率是最贴合你本人的那两种或那三种类型的混合体。”

<table>
<tr><td rowspan="3">主导力弱</td><td colspan="2">可信度偏好</td><td rowspan="3">主导力强</td></tr>
<tr><td>聪明睿达的猫头鹰
通过建立信息可信度说服他人
• 刻苦钻研
• 逻辑性强
• 富有理性
• 抽丝剥茧
• 独具慧眼
• 沉着公正</td><td>居高临下的雄鹰
通过树立个人权威说服他人
• 享有权威
• 行家里手
• 言而有信
• 值得信赖
• 信心满满
• 经验丰富</td></tr>
<tr><td>彬彬有礼的鹦鹉
通过建立良好关系说服他人
• 赤诚相待
• 讨人喜欢
• 古道热肠
• 感同身受
• 能言善辩
• 兴致勃勃</td><td>魅力迷人的孔雀
通过点燃热忱和激情说服他人
• 魅力四射
• 满怀热忱
• 热情洋溢
• 振奋人心
• 善于表达
• 积极乐观</td></tr>
<tr><td></td><td colspan="2">魅力度偏好</td><td></td></tr>
</table>

图 5-1　可信度、魅力度、主导力对四种说服类型的影响

我们来看一下可信度、魅力度和主导力在这四种说服类型中的体现。本质上，聪明睿达的猫头鹰和居高临下的雄鹰都更可信，而彬彬有礼的鹦鹉和魅力迷人的孔雀则更吸引人。居高临下的雄鹰和魅力迷人的孔雀具有更强的主导力，而聪明睿达的猫头鹰和彬彬有礼的鹦鹉则主导力更弱。

下面具体讲解一下这三种偏好如何体现在每种说服类型中。

- 可信度偏好。聪明睿达的猫头鹰和居高临下的雄鹰更喜欢通过建立高可信度来说服他人。对于这两种说服类型，可信度对其说服力至关重要。这里的“可信”是指

值得信赖、可靠。聪明睿达的猫头鹰最愿意建立信息可信度，而居高临下的雄鹰最愿意树立个人权威。彬彬有礼的鹦鹉和魅力迷人的孔雀并不依赖可信度去说服他人。

- **魅力度偏好。**彬彬有礼的鹦鹉和魅力迷人的孔雀是高魅力度的类型。他们往往是外向者，人缘好。对于这两种说服类型而言，魅力度对其说服力至关重要。这里的"魅力"是指吸引他人注意力、让他人心生艳羡的能力，以及唤起忠诚度和热情的能力。彬彬有礼的鹦鹉最愿意与他人建立紧密联系，而魅力迷人的孔雀最愿意释放自己的魅力。聪明睿达的猫头鹰和居高临下的雄鹰则并不依赖魅力去说服他人。
- **主导力。**要领悟四种类型的不同点，最好的方式莫过于衡量主导力。居高临下的雄鹰和魅力迷人的孔雀都会通过主动控制他人的方式，以强主导力去说服他人。居高临下的雄鹰通过树立个人权威的方式去主导他人，而魅力迷人的孔雀则通过更加引人注目的方式，外加积极点燃热忱、激情和兴奋的能力来主导他人。聪明睿达的猫头鹰和彬彬有礼的鹦鹉则不愿以主导他人的方式去说服对方。事实上，后二者往往不想让自己成为被关注的焦点。

善用你的长项和弱项

我们很多人都希望能改善自己与周围人沟通的方式，让人际关系更加简单不费力。发掘自己的说服长项，并在必要时调整说服风格，会让生活的诸多方面都发生积极的转变。

例如，你会见证以下几方面的提升。

- **认识自我。**你会了解自己更喜欢怎样去说服他人，以及自己最有可能以怎样的方式被他人说服。
- **以更有信心的姿态去说服他人。**你能更好地认识到潜在客户的偏好。你也会意识到，调整自己的说服方式以适应潜在客户的说服类型有多么重要。这会让你更有可能赢得业务。
- **激励并领导团队。**你能更好地了解到团队成员的偏好。你也会意识到，调整自己的说服方式以适应团队成员的个人需求有多么重要。这样，你就能提高效率、提高团队成员的忠诚度。
- **改善客户关系。**你能判断出客户的说服偏好。你也会意识到，以提供卓越的客户体验为目标、调整自己的说服方式以适应客户的所需有多么重要。

你不是在说服你自己

很多人会用自己喜欢被他人说服的方式去说服他人。这看似顺理成章。但要记住，人们被说服的方式是多种多样的。只有让自己的说服方式尽可能全面，你才会更有说服力，才能扩大你的“说服圈”。

做到以下几点，你就会提升说服技能。

- **了解自我。**花时间弄清楚自己的说服长项和弱项、你自己喜欢被说服的方式，以及你通常使用的说服方式。

- **了解对方。**我们被说服的方式都不尽相同。努力看透相关方的偏好。要记住：你不是在说服你自己。
- **尽可能练好这四种说服类型。**最有说服力的人向来是这四种类型都擅长的人。努力提升多种说服技能（而不仅仅局限于你当前的说服偏好），从而使自己不论面对谁，都能始终以理服人。这样，你就能以更有说服力的姿态面对更多的人。
- **调整说服方式，满足相关方的需求。**知道如何利用各种公式、行动和技巧来扩大说服圈以及吸引四种说服类型的人。如果你下次遇到我所说的“临时讲台”（你必须有意识地说服对方）却选择“即兴发挥”，那你很可能会用对你自己管用的方式，或是你自己觉得顺理成章的方式，而不去使用真正有用的方式来得到想要的结果。

米歇尔有言：

“人们被说服的方式是多种多样的，所以，只有让自己的说服方式尽可能全面，你才会更有说服力，才能扩大你的‘说服圈’。”

了解并掌握了上述所有的考量因素，你就会成为我所说的“说服智者”。

丹（Dan）的故事

丹是业内的技术专家，他逻辑思维很强、思维极具理性。但他并不擅长建立人际关系、与人沟通，也不懂如何去感染他人，以获得对方对自己事业的支持。他误以为自己可以用相关数据和事实将同事们都说服——换言之，他自己就喜欢被这种方式说服。可事实是，同事们被说服的方式不见得和丹一样。要是丹决心培养说服力，改用其他的说服方式而非自己偏好的那种，他就会发现，自己能够在更多不同的场景下以更有说服力的姿态去说服更多的人。

了解自己的说服长项和弱项，更有利于你最大限度地提升自己的说服力。如果你能将四种说服方式都内化成自己的说服技能，从而吸引四种说服类型的对象，你的整体说服力就会得到提升。

思考一下，哪种类型是你的长项，哪种类型是你的弱项。

决定是否要发扬长项或克服弱项。

做出决定后，请直接阅读本书第二部分的相关章节，开启你的说服力成长之旅。

四种说服类型

- 要想成功说服某人，就要根据对方的 KPI 给出答案。这些 KPI 可分为四组。
- 这四组 KPI 分别对应四种说服类型：聪明睿达的猫头鹰、居高临下的雄鹰、彬彬有礼的鹦鹉和魅力迷人的孔雀。
- 我们大多数人在被人说服时会偏好一种、两种甚至三种说服类型，而我们又往往会用自己被说服的方式去说服他人。
- 要记住——你不是在说服你自己。
- 如果想提高说服力、扩大说服圈，就要吸引全部四种说服类型的人，而不仅仅局限于你自己偏好的那个。要准确判断对方的偏好，并用适合对方的方式调整表达策略。

第二部分 PART 2

了解说服类型，学会因势利导

第六章 类型一：聪明睿达的猫头鹰

看来，你想增进自己作为聪明睿达的猫头鹰这一类型的说服技能。或许这个类型并非你的强项。或许你时常要去说服的人（比如经理、团队成员和家庭成员），他的主导类型就是聪明睿达的猫头鹰，你想以最适合他们的方式去说服他们。或许，聪明睿达的猫头鹰就是你的强项，但你想通过建立无可辩驳的信息可信度来增强自己的说服力。也许和平活动家兼诺贝尔和平奖得主德斯蒙德·图图（Desmond Tutu）的这句话被你奉为至理名言："有理不在声高，论点可信是王道。"

聪明睿达的猫头鹰是以信息可信度为说服偏好的类型，之所以用聪明睿达来形容他们，是因为他们逻辑强、善分析，提出的观点不容辩驳、有理有据。本章内容旨在帮助大家学习、培养或强化这一类型。首先，让我们来看看信息可信度为何如此重要。

信息可信度的重要性

若信息可信，相关方便会支持你所说的内容，相信你所说的是真的。这是说服过程中的必要环节。缺乏可信的信息，对方便不会信任你，或者不会采取行动以满足你的诉求。

信息可信度是指你所说内容的可信程度和准确程度，高信息可信度要以结构清晰、逻辑性强的论点为支撑。信息可信度高的人会涉及各种角度，谈到各个问题，客观地讲解事实，并将其详尽的分析和逻辑清晰地传达出来。他们的信息是无可辩驳的。在聪明睿达的猫头鹰这类人中，信息可信度高的人会用事实、技术名词和专业术语去支撑他们的论点。聪明睿达的猫头鹰们沉着冷静有分寸，往往更在意如何让论点难以反驳，而非赢得人心。

诀窍

米歇尔有言：

“缺乏可信的信息，对方便不会信任你，或者不会采取行动以满足你的诉求。”

确保信息可信度

你可以采用多种方式来释放内心那头聪明睿达的猫头鹰并确保信息可信度。以下内容可供参考。

- 构思语言，唤起共鸣，让人念念不忘。
- 以外部证据有力支撑，强化信息内容。
- 巧用设问，突出重点。
- 用词严谨，切忌含混不清，惹人分心。
- 强力词汇，焕活观点。

- 简化方案选项。
- 编号列表，层次分明。
- 视觉辅助，抓人眼球，巧妙说服听众。
- 变通数字，巧妙推销。
- 反复排练，直至十拿九稳。

本章接下来的部分将细致讲解上述内容，从而让这些方式内化成你的新习惯（或优势所在）。

构思语言，唤起共鸣，让人念念不忘

若能让你的高见深入人心，让他们觉得自己必须做点什么去满足你的诉求，那该有多好。这里和大家分享一个好消息，伯尼斯·麦卡锡博士（Dr. Bernice McCarthy）于 1979 年开发了 4MAT 系统。你在说服他人时（无论是当面说服还是写信说服）都可以使用这一工具。

理解 4MAT 系统

众所周知，当我们说服他人时，对方接收信息的方式不同、学习认知的方式各异，彼此会形成迥异的观点。麦卡锡发明的 4MAT 学习风格模型将所有不同的学习风格都考虑在内，确保你能以逻辑性强、条理清晰的方式表达观点。遵循这一模型可以让相关方或潜在客户更容易一点一点地接受你的观点，直至他们最终被说服。这一模型还能保证你不错过重要论点中的所有要素，而非仅仅提及你自己感兴趣的那部分。

要记住，你不是在说服你自己。你的目的是说服相关方。所以，问题的关键在于，你要以他们能理解的方式来涵盖所有的问题和角度，不一定非要用让你自己理解问题的方式去说服他们。

4MAT 系统指出，如果想让他人端坐倾听并满足你的诉求，你需要回答以下四个关键问题。

1. 为什么？发言者需明确背景和理论依据。

2. 什么内容？发言者需确定内容的细节。

3. 怎么做？发言者需探索如何使用信息并付诸实践。

4. 另寻他法？发言者需找出讲解新信息时的替代方案，这样听者才能进行修改、调整并创造新的语义环境。发言者还要让听者知道，如果他们不实践你的提议，会产生怎样的后果。

4MAT 系统是一种常识性方法，在构思说服性信息方面相当有效。如果你想了解更多，可以阅读我的第一本书《如何演讲：用制胜技巧呈现观点、影响他人的终极指南》。在这本书中，我对该模型进行了更为详细的讲解。

用“说服蓝图”实践 4MAT 系统

三十多年来，我一直在教授人们如何以最佳的方式构思表达，我的学员们都很喜欢 4MAT 系统中这四个问题的逻辑。但很遗憾，人们常常还是会感到困惑不解。有的时候，人们仍旧不太清楚什么时候该说什么话。所以 2006 年的时候，我基于 4MAT 系统开发出了另一个模型来帮助大家更高效地使用 4MAT 这一卓有成效的模型。我把自己开发的模型命名为“说服蓝图”。

“说服蓝图”包含说服性沟通中所有的关键元素，助你了解如何在正确的时间、正确的地点，用精准无误的措辞和文从字顺的表达，说出合适的内容。

在接下来的部分，我会列出“说服蓝图”的各个步骤，让你的信息可信度得到真正的提高。

第 0 步：打破沉寂

用破冰话术吸引大家注意、活跃气氛。破冰话术一般放在对话的前30秒。破冰的目的就是唤醒听众，让他们能端坐（指坐直身子，或将注意力落到你的身上）起来，兴致勃勃地聆听你的观点。为什么把它列为第0步呢？因为这一步并非次次必要。有需要时即可选用。

第 1 步：和气致祥

在你介绍自己的所有情况和关键信息之前，人们要先知道你有多关心他们的需求。使用包容性的语言，并向听众暗示他们已经知悉的内容都是确凿无疑的。在这一步中，你的话语要表现出自己对相关方的处境感同身受。例如，“众所周知……”“您也会认同……”“您提到过您对……很感兴趣”。

这一步的关键在于，你必须先让对方感觉到他们已知悉的内容（而非你想让他们知道的内容）是真实无误的。这一步的作用是让听众们点头，因为你说的东西他们不仅知道而且认同。

第 2 步：引导听众

引导性陈述就是你的关键信息，或是你在会议、邮件或对话中说服他人的主旨内容。引导性陈述往往包含引起争论的词汇，如“各位有必要……”，“我们必须……”或是“您需要……”。

第 3 步：激励人心

善于说服的人都知道，相关方并不总是拥有倾听你所言的内在动机。所以，你得激励你的相关方，让他们去侧耳倾听。在这一步，你要解释值得他们倾听的点在哪儿，亮明你的观点或想法。还要记住的一点是，有些人的激励因素是“棍棒”（风险），有的人则是“胡萝卜”（奖励）。也就是说，告诉相关方他们会损失什么、维持什么、提高什么，这是一个非常聪明的做法。这样，不管对方是受“棍棒”驱使还是“胡萝卜”激励，你都能达到动员对方的目的。

第 4 步：化解异议

在这一步中，你要化解听众对你本人、对你的内容或对信息提出的时机所产生的各种关键异议。现在解决这些问题就可以让人们放松下来，然后认真倾听你的其他内容。

下方的化解异议五步法不失为一个良策。

1. **陈述对方正在思考或提出的异议。**例如，“我知道您担心……”。

2. 说“和”或“所以”或停顿。不要说“但是”或“可是”。这些词语会激活大脑的边缘系统，让相关方会产生战斗或逃跑反应。相反，使用温和中性的连接词，如“和”或“所以”这种，也可以停顿，或者干脆什么都不说。

3. 用“其实”或“事实上”这类词让观点变得更有信服力。例如，“您可能担心成本问题，其实……”。

4. 提供解决方案。尽可能让你的解决方案与问题相反。要确保该方案真的能解决问题。

5. 用“因为”这个词。“因为”是世界上最强大的说服词之一。为什么呢？因为人类的天性就是需要解释。（看到我刚刚在做什么了吧？）人们喜欢为自己的所作所为找理由。我们需要知道原因。在有所求时，如果用“因为”这个词，再给出理由，我们就会有更大的胜算。罗伯特·西奥迪尼博士（Dr. Robert Cialdini）的研究表明，相比不给出解释，如果我们用上“因为”一词，再加上缘由，对方被我们说服的可能性就会高出34%。

“因为”这个词改变了我人生的方方面面——我与客户的关系、我的人际关系、达成交易的能力以及我作为一位满怀热忱的教育家的整体说服力都得到了改善。我推荐大家也开始使用这个词。用“因为”把你的想法、推介或观点和你希望客户、同事或潜在客户采取的行动串在一起，他们就更有动力做你所想。

想一想你即将要化解的异议。它可能出现在邮件、提案、电话、线上会议或推介会中。

用化解异议五步法来解决问题。一定要说“因为”这个词，然后给出你能想到的化解该异议的最佳理由，说服相关方接受你的想法。

“因为”这个词可以说明它为什么奏效，或者客户或潜在客户能从你的想法中得到什么。它的效果很显著。

要记住，不知道为什么要买的人是不会掏钱的。所以，就给他们找个理由，化解他们的异议，看着他们付款——这对你的产品、服务或是宏图高见都适用。

诀窍

米歇尔有言：

“不知道为什么要买的人是不会掏钱的。所以，就给他们找个理由，化解他们的异议，看着他们付款！”

第 5 步：设定流程

在这一步中，你要设定会议的所有规则和界限，使一切尽可能顺利进行。例如，你可以讲一下会议的流程、发言者、在场的其他人员、提问时间以及任何其他能让听众放松精神或让他们集中精力的事情。

第一次在开场白偏后的位置设定流程，你会觉得是不是稍微晚了点，毕竟这已经是第5步了。我可以向你保证，用过几次之后，效果就会自然多了，你的相关方也会为此感谢你的。相比于在会议或提案的开头设定流程，这个时机会更好。用第0步到第4步营造一个融洽的氛围，等人人都可侧耳倾听之时，再设定规则流程。

注：第0步到第5步构成了4MAT系统中的"为什么"。

第6步：陈述实际内容

现在该陈述实际内容了。先从全局出发，然后缩小解释范围，讲解细节信息。要利用事实、数据以及任何能支撑你提议的研究结果。

小秘诀：不要用"有一个……"或"有几个……"类似的表达开头。脆弱无力的句子才会这么开头。相反，你得简明扼要、直奔主题，从有实际意义的主语展开。

例如，比较以下两个句子，注意第二个句子不是以"有一些"开头的，但表达会更有说服力：

- "双方团队中有一些人强烈反对拟议的实施时间表。"
- "运营部和市场部都强烈反对拟议的实施时间表。"

第7步：解释行动步骤和应用实践

在这一步中，你要解释行动步骤和应用实践。在这一环节，有的人需要你给提议的行动或步骤编号，而有的人则不在意这些，这一点非常值得注意。（想了解更多有关这一方面的内容，请阅读本章节后续的“编号列表，层次分明”。）

小秘诀：用短句。忙碌的生活让人们没时间也没兴趣阅读或倾听冗长的句子。所以句子要简洁明了。通常，我会建议把句子写出来，然后读一遍，调整修改，删除废话。

第 8 步：其他信息

在这一步中，你要补充一些额外的内容，这些内容能增强你的说服力，但又不适合放在别的地方。这就包括一些你想要表达的重要信息，但这些信息如果提前透露的话，又会分散听众对关键点的注意力。这一环节通常以这样的句式开头：“顺便说一下……”。你还可以说今天很高兴能和各位交谈，如果你愿意，也可以在这一环节留下你的联系方式。

第 9 步：归纳总结

很遗憾，多数人在对话或会议即将结束之时已然忘记了自己阐述的关键信息。在这一步中，你就要重新回顾会议或提案中的三点关键信息，提醒听众。以三点信息总结归纳是最容易被记住的，也是最容易重复给没参加会议、没听到对话的人的。我建议你，从“说服蓝图”中的“为什么”“什么内容”“怎么做”中分别选取一点构成这三点信息。

米歇尔有言：

“以三点信息总结归纳是最容易被记住的，也是最容易重复给没参加会议、没听到对话的人的。”

第 10 步：行动呼吁

说服他人的根本目的就是要达成某个结果——转化对方的思想，使其如你所愿。在这一步中，你要表明自己的诉求。你的行动呼吁要清晰、明确、直接，能让人做出“是 / 否”的回应。比如，“我恳请您支持这项建议”“请于 11 月 30 日之前批准拟议的解决方案和建议”。

第 11 步：问答环节

如果你是位互动型沟通者，喜欢他人在会议或谈话间向你提问，那么请一定要这样做。如果你希望在会上有更为正式的问答环节，我推荐你在“说服蓝图”的第 11 步设置问答环节。不要把问答环节放到最后，否则结束会议后，人们就忘记关键信息了。在这个环节设置问答，然后确保（无论问答进展到何种情况）你作为说服者一定要保证最后的说辞能推动结果的产生。

第 12 步：正反结果

在这一步中，你要提醒听众，不满足你的诉求会有怎样的后果，再强调，满足你的诉求会有怎样的结果。用“如果”和“当”这类词让自己尽可能有说服力。例如，“如果您不批准拨款的话，就会……；当您批准拨款后，就会……”。

第 13 步：结束陈词

就要大功告成啦！最后要做的就是来一个热情洋溢的结尾。结束陈词要简短有力，传达出恳切和热忱之情。不用在这一步中呼吁相关方采取行动（因为多数人不喜欢强买强卖，你也不想让他们觉得你“咄咄逼人”）。结束语应该激动人心，表明你要结束了，也要让对方感到心情大好。例如，“这对我们来说是一次令人激动的机会……”。

小秘诀：结束陈词要呼应开场白。

注：从第 8 步到第 13 步构成 4MAT 系统中的“另寻他法”。

商界中完整的“说服蓝图”案例详见下方。

爱丽丝（Alice）的故事

爱丽丝是我的客户，从事数据智能和分析工作。她兼具聪明睿达的猫头鹰和居高临下的雄鹰这两种类型的特征。爱丽丝需要说服同事们多做一些根源分析，因为以她那聪明睿智的头脑来看，他们在根源分析方面做得并不到位。爱丽丝组织了一场视频会议来讨论这个问题并试图说服同事们。好消息是什么呢？她的内容条理清晰、互动性强、引人入胜，同事们在会上都认可她的想法。现在，他们在日常工作中会进行更多的根源分析——这让爱丽丝、同事们以及他们的业务实现了共赢。

表 6-1 是爱丽丝运用“说服蓝图”来组织信息的各个步骤的实操。

表 6-1 “说服蓝图”的实际应用

步骤	名称	陈述
第 0 步	打破沉寂	20 世纪 90 年代，美国政府发现国内数个大型国家级纪念碑出现了崩裂的情况。1990 年 5 月，一块重达 45 斤的大理石从杰斐逊纪念堂的柱子上数米高的位置跌落在地，摔得粉碎。万幸的是，无人受伤。调查后得知，每天将纪念堂的灯晚开 30 分钟就可减缓纪念碑的长期腐蚀这一问题。 今天，我们就来探索一下这个看似不切实际、实则拯救了历史建筑的解决方案，是如何展现出在业务中了解问题根源的重要性的。我们来看看如何用一些简单的方式来快速找到根源。希望等到今天的会议结束后，大家能明白根源在提高工作效率方面所起到的决定性作用
第 1 步	和气致祥： 包容性陈述	很多人都清楚，不了解问题的根源就无法一劳永逸地解决问题。 治标不治本往往解决不了问题。 我们都不想从事重复性事务
第 2 步	引导听众	任何问题都有其自身的根源。我们的职责就是找出根源，这样才能提高效率
第 3 步	激励人心： 损失、维持、提高	我们来一起制订一个方案，用以最大限度地减少重复性事务、维持稳定的环境并提高效率

续表

步骤	名称	陈述
第 4 步	化解异议： “我太忙了”	我理解大家都很忙，都有严格的 SLA（服务等级协议），其实，找出根源实际上可以让大家从整体上节省下更多的时间，因为解决了问题之后，你就不用再次处理它了
第 5 步	设定流程	今天的演讲我会为大家讲解日常可以使用的两种根源分析法。 我们会设置几个问题范例让大家实践一下这两种分析法。如有疑虑，也可进行提问。 希望大家日后能展现出根源分析的能力。如有需要，请不要错过今天的提问机会
第 6 步	陈述实际内容	爱丽丝在这一环节深入探讨了以下几点的详细内容： 根源到底是什么？ 根源分析又是什么？ 问题又是什么？
第 7 步	解释行动步骤和应用实践	爱丽丝在这一环节深入探讨以下几点的详细内容： 根源分析的五问法（非常适合单一根源的分析）。 根源分析的鱼骨图分析法（非常适用于分支性的原因）。 实际应用案例。 将这两种方法用到第 0 步中的国家纪念碑崩裂问题上
第 8 步	其他信息	顺便说一下，也有其他可用的分析方法，我们可以留到以后再讨论。 我很荣幸今天能召开这场会议。在从根源上分析如何帮助我们团队减少重复性事务、节省时间、一劳永逸地解决问题方面，我们已经有了一些宝贵的见解。 如果大家需要任何帮助或更多的信息，会后可以单独联系我

续表

步骤	名称	陈述
第 9 步	归纳总结： 为什么？	根源分析能让我们一劳永逸解决问题，最大限度减少重复性事务。 任何问题都有其自身的根源。 我们如今已“身负”两种找寻根源的方法
第 10 步	行动呼吁	回到工作岗位后，大家若是遇到任何问题，都可以试试今天学到的根源分析法
第 11 步	问答环节	我很想知道，大家都有哪些疑问？ 谁想先提问？ 你有什么问题？
第 12 步	正反结果	如果我们不确定问题的根源，我们必然会日复一日陷入治标不治本的循环中，永远无法真正解决问题。 这该多恼人啊！ 当确定根源后，我们就有机会做出有意义的改变，让问题不再出现
第 13 步	结束陈词	现在，大家都能用今天学到的根源分析法来应对日后遇到的任何问题了。运用这个技能可以让各位脱颖而出，快速锁定问题根源，一劳永逸地解决问题

步骤的顺序可以调换吗？

可以，当然可以！如果你已经对相关方展开了全面详尽的分析，并且了解到自己的潜在客户需要以不同的步骤顺序聆听你的观点，那你就按你的想法来。我之所以用这个顺序，是因为多数相关方需要按这个顺序听取观点。

我对这一模型深感自豪，我也推荐你在所有的沟通场合都使用这一方式，尤其是你在说服他人之时。

以外部证据有力支撑，强化信息内容

事实、数据、引述和主题专家都能以添加外部证据的形式来强化你的信息，这些外部证据会让你的观点更合理可信。引用外部证据会让你提出的任何观点都更可信。外部证据证明你已经做了调研、你完全理解该主题、你的观点或论断是基于逻辑和事实而非情感或主观臆断。美国销售培训师杰克·马尔科姆（Jack Malcolm）就曾强调过："当其他人都用含混不清且没有依据的情感诉求吸引他人时，能冷静陈述观点又因牢牢把握证据而充满自信的人便能脱颖而出，因为很少有人能做到这一点。"

我们来看一看如何使用这些外部证据。

事实

事实是已知真实的信息。维基百科对"事实"一词的解释为"事实与信仰、知识和观点无关"。事实包括可被证实的各种数据、趋势和预测、研究和兴趣点。

你（就像聪明睿达的猫头鹰一样）可以在任何环节用事实支撑你的观点。一定要用来源合适且可靠的事实来增强信息的可信度。

布莱恩（Brian）的故事

布莱恩在一家大型企业任数据分析师一职。他需要说服公司中的一些人改变某项流程。会议实际上持续了 30

分钟左右。不过我们可以快速看一下布莱恩用到的一种方法，那就是用事实说服相关方相信他的论点。

会议最开始，布莱恩说：

“大家知道吗？我们数据分析师平均每个月都要花上三天时间验证财务数据。这三天本可以用在专业的洞察分析，甚至是关键数据建模的任务上。非常高兴今天能和大家召开这次会议。今天就让我们制订一个可行的方案来解决时间被浪费的问题。”

任何理智的人都不会质疑这份陈述的逻辑。确凿的事实帮助布莱恩获得了改变流程的许肯。

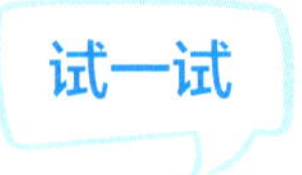

在下一次对话中，你可以添加哪些事实？

数据

聪明睿达的猫头鹰用数据说话，让其论点不容置疑。数据是可用作外部证据以增强信息可信度的数字或模型。数据可以帮助你的潜在客户或相关方相信你的说辞。

数据可以放在演讲内容的任何部位（开头、中间或结尾都可以）。一定要用来源合适且可靠的数据来增强信息的可信度。

妮娜（Nina）的故事

妮娜是我的一位优质客户。她曾向其公司内全体员工发表了一个重要演讲，演讲的主题是“参加 RUOK 日的重要性”。RUOK 是澳大利亚的一个自杀预防慈善机构，旨在鼓励所有人留意朋友、家人和同事在心理健康方面出现问题的迹象。RUOK 每年都会设立一天，让人们用一个简单的问题检查同事亲友的心理健康状态：“Are you OK?（读音同‘RUOK’，即‘你还好吗’）”。

妮娜需要说服公司内的所有人报名参加这一天的活动，并全心全意参与其中。这是妮娜打心底里热衷的事业，但她也清楚不是人人都像她一样能对此倾注如此多的情感。实话讲，有的人根本不想参与。所以，她觉得自己要用一些能激发情感的数据让自己的演讲内容更生动鲜活、增加她的信息可信度。

以下是妮娜的发言：

“由于民众深感压力和焦虑，过去四周生命线（澳大利亚的主要危机热线）的日呼叫量创下了历史新高。这四周共接听了 96 273 通电话，比 2019 年同期增长了 33.1%。由此可见，人们过得并不容易。”

妮娜的数据让她的论点无可辩驳。妮娜公司的员工确实都全身心地投入 RUOK 日的活动中。这真是双赢的局面。

试一试

在下一次对话中，你可以加入哪些数据？

引述

引述可以让你的内容更鲜活生动、激起听众的情感反应，并进一步证明你很清楚自己在讲什么。聪明睿达的猫头鹰把引述当作“社会认同”来使用——被引述的这位聪明人都认为该如此这般，那你们也该和他所见略同。引述证明你的信息也是受他人认可并支持的。

小秘诀：永远别忘了说明引述的出处。

引述可以放在演讲的任何阶段——开头、中间或结尾都可以。一定要用来源合适且令人回味无穷的引述来增强信息的可信度。如果你很想为你的主题找寻相关的引述，你可以在惯用的搜索引擎中输入你的说服主题，在其后加上“名言”二字。

例如，如果你搜索“关于引述的名言”，你可能会看到作家约瑟夫·杰兰三世（Joseph Geran Ⅲ）的名言：“引述的美丽之处就在于，我们能透过它们窥见他人的所思所想、了解他们思考和看待世界的方式。”

阿拉斯代尔（Alasdair）的故事

阿拉斯代尔是我的一位优质客户，在IT行业工作。他时常会负责大额交易的竞标。在某场竞标上，他曾引述了下面这句话来增强信息可信度：

“1902年的某期《帕克》杂志曾写道：‘你既说此事为敲冰求火，就不该扰他人披荆斩棘。’”

阿拉斯代尔的公司对于他们竞标的项目经验十足，而这句引述便为这一事实增添了可信度。其言外之意是，阿拉斯代尔的客户应该让他所在的公司中标，因为他们早就有相关的经验储备了。正因为他们之前成功完成过此类任务，他们公司是这场竞标的不二之选。是的，他们中标了。

试一试

在下一次对话中，你可以添加哪些引述？在你惯用的搜索引擎中输入关键词，并在后方加上“名言”二字查看相关结果。

主题专家

主题专家（subject matter experts，SME）被人们视作行业

内的思想领袖。对于正在攻克的主题，他们是人们的“首选”。在说服性场合提及他们的大名会让听众产生联想，从而增强信息可信度。引述这些专家的话语表明你有所准备，还能因为与专家所见略同而让你的观点更为可信。

引述主题专家的话语可以放在演讲内容的任何部位——开头、中间或结尾都可以。据我观察，最常见的成功案例就是把专家的话放在“说服蓝图”的“什么内容”和“怎么做”这两个部分中（本章前文已有介绍）。一定要引述合适且令人印象深刻的主题专家来增强信息可信度。

迈克尔（Michael）的故事

迈克尔是一位荣获多项大奖的演讲家兼趋势预测家。专业的发言者往往擅长使用引述并提及行业内其他主题专家来给自己的观点增加分量、激励听众——迈克尔也不例外。在他的一篇说服性文章中，他便引述了某所知名大学的商学教授来支持他本人对创新的论断。

迈克尔写道：

“提到创新，我便回想起旧金山大学前商学教授奥伦·哈拉里（Oren Harari）所说：‘电灯的出现并非源自蜡烛的持续改良……’企业若故步自封、循常习故，是无法别开生面、领异标新的。”

由此可见，哈拉里教授所想也正是迈克尔所想。引述受人拥戴的思想领袖为迈克尔的个人论断增添了价值和可信度。

在下一次对话中，你可以提及或引述哪位主题专家来增强信息可信度呢？

巧用设问，突出重点

众所周知，参加会议、对话和商业推介的人们对于即将讨论的主题都满腹见解、各持己见，让听众关注重点并非易事，用设问句突出重要观点可以吸引听众的注意力。

设问句是一种自己提出问题又直接给出回答的句式。设问句是一种巧妙的互动工具。只要对方在你提出问题时认真倾听，他们的脑海中就不会闪过其他想法。他们只会好奇你给出的回答。

我来举个例子。我对你说："这一点为什么这么重要？"如果我问你的时候你在认真聆听，那么你当前唯一想知道的很有可能就是："对呀，为什么这么重要呢？"由此可见，设问句可以引导相关方的思绪，迫使他们只去思考你当前所说的内容。

还记得本章前文讲解的 4MAT 系统吧？4MAT 系统问题的变体就可以被用作设问句。例如，你可以提出以下任一或全部问题。

- 这一点为什么很重要？

- 我们为什么应该这么做？
- 认可这个想法能为你带来什么好处？
- 会面临什么挑战？
- 明面上的问题是什么？
- 我们可以怎样解决？
- 我们要怎么修复？
- 接下来的步骤是什么？
- 我们现在需要做什么？
- 我们现在不采取行动会怎样？
- 如果你同意推进这项提案，会带来什么结果？

大卫（David）的故事

大卫在一家声名显赫的照明企业工作。我听说他曾在会上讲解过一个名为 Platek 的精妙绝伦的照明系列产品。当演讲进行到“说服蓝图”的“什么内容”的阶段时，大卫问“Platek 系列是什么呢？”，随后又给出了答案。他通过这个问题吸引了听众的注意力，然后做出了解答。

使用设问句还有一个额外的好处，那就是它还能突出重点、为你脑海中的内容做个标记，以防你偏离主题或胡扯一通。相关方也会对你赞赏有加，因为你的信息清晰明了、易于听众理解。

小秘诀：在书面沟通中，尝试给设问句加粗或加下划线。

这会有助于进一步突出内容重点、改善信息传达效果。相关方也更容易清楚你文章的关键点是什么，这终将让你更有说服力。

用词严谨，切忌含混不清，惹人分心

你有没有过这样的经历：苦苦思索着该如何以最佳方式去表述某事，可对话的结果却完全事与愿违？没准你还引发了一场意料之外的争端。此情此景之下，你不知所措、疑惑不解。你可能会问：我明明是好意，怎么会这样？众所周知，除非我们的表述明确得不能再明确了，否则对方的理解还是很有可能完全偏离我们的本意。即使我们尽最大可能表达得清晰明了，人们还是很容易误解我们的意图。说服他人时，导致误解的一大因素便是使用了“模糊用语”。

不同的人生经历会影响我们对他人沟通内容的理解。名词、动词、概括词、原则性用语或比较词的表达或将引起相关方的误解。例如，你可能会说：“那五个东西在架子上。”这句话的疑惑点在于“五个什么”以及“在哪个架子上”。现实中，对方使用模糊用语后，我们大多数人都不会再进一步询问。我们只是猜测对方会是什么意思，这便会导致各种各样的误解和困惑。

我来分享一下我自己的故事。多年前，我丈夫把我惹生气了。我就找了一位情感顾问发泄怒火（就是跟她讲我丈夫有多么让我咬牙切齿）。这位情感顾问很有耐心，她听我抱怨、咆哮了好一阵子。我说："我就是想让他多帮帮我！""我想要他多支持我一些！""你懂我的意思了吧。"等我终于力不从心、口干舌燥之时，她只说了短短几句话，简洁明了："我就想和你说一点。男人读不懂你的想法。你要想让他帮忙倒垃圾，你就得说清楚。不要只说'我要你多帮我一点'，你解释清楚多帮一点什么、何时帮、怎么帮？你的要求并不明确。你在为孩子们制定规则时希望得到丈夫的支持，希望他为你打气，那你就要向他讲清楚你需要他来支持你的决定，你需要他跟孩子们表明他作为父亲也同意你的想法，这样孩子们就知道父母二人都认可这条规则。你说清楚了，他就能知道你到底想要什么了。他搞清楚情况了，当时就能决定要不要帮你、要不要支持你了。你丈夫需要理解你的具体需求，否则他就不知道该怎么做。"

情感顾问的信息简洁又有力，我也自那时起幸福地度过了18年的婚姻生活。她说得对，毋庸置疑。男人读不懂你的想法。不仅仅是男人，谁都读不懂你的想法。因此，沟通不明确会很麻烦。你说话、写作越清楚明了，你的说服力就越强。

避免模糊用语

为避免模糊用语，你就要训练自己说话或写作时尽可能清晰、明确。发送邮件前先通读一下。一定要删除任何可能会被曲解的词，或做具体说明。若你在书面沟通时就能做到这一点，那你的口语表达最终也会变得清晰明确。

以下是避免模糊用语的几条额外建议。

- **名词：**如果你发现自己使用了表意不清的名词，就问自己“具体是什么（名词）”。例如，你可以把“你要吃那个吗？”改成“你要吃盒子里最后一块比萨吗？”。
- **动词：**如果你发现自己在写作或说话时使用了表意不清的动词，就换一个语气更强烈、表意更清晰的动词。例如，你说“我们周末之前把二月份的月度董事会报告做完吧”，那就问问自己“‘做完’具体是什么意思？”。句子中还有一个模糊的名词：“周末”。你还可以问问自己“哪个周末？”，这样你就可以把句子改成“可以请大家在本周五下午五点之前敲定二月的月度董事会报告吗？”。再举个例子。你写了封邮件，邮件中有这样一句话：“我就是问问还要不要继续推进这个项目？”通读此句后，你会发现这个问题其实假设了收件人已经知道具体内容。但你一天会收到多少封邮件呢？有没有可能你忙到会忘记某些事情？很多情况下，收件人知道你大概想表达什么意思，但对于你们做的这件事以及何时做这件事，他们还是得去查看具体细节。你的邮件写得越清楚，收件人就越有可能及时回复。所以，你可以这么写：“我发送这封邮件是想问一下，6月2日至6月3日，您是否准备好了在您位于悉尼的培训场地开设说服力大师班？”
- **概括词：**如果你发现自己使用了诸如“从不”“总是”“人人”“所有”“他们”这类表意不清的概括词，最好仔细检查一下概括词的用法是否正确。例如，如果你发现自己写道："每个人都要求更改绩效评估模板。"你就可以问一下自己："是每个人吗？"深思熟虑之后，你可能会把句子改成："我司 10 位高管中有 8 位要求绩效评估模板中包含一个解释该文件目的的开头段。"

- **原则性用语**：如果你发现自己使用了诸如"应该""不应该""必须""不得不""不能"这类表意不清的原则性用语，最好在说或写之前先弄清楚这条规则是否合理。要判断原则性用语是否含混不明，可以问问自己"要是我们做了这件事，会发生什么呢？"或"要是我们没做，又会发生什么呢？"。例如，你设定了这条规则："我们不应该在 12 月跨过新南威尔士和维多利亚的边境。"那跨过边境会发生什么呢？如果你执意这样表述，同时也应给出理由，这样你的信息才能有可信度。再举个例子，你在邮件中写道："我们不得不暂时推迟该项目。"针对这条表意不明的语句，你可以问问自己"如果不推迟会怎么样呢？"、"如果推迟又会怎样呢？"或"要证明这是当前的最佳做法，我还需要提供什么佐证呢？"。
- **对比词**：表意不明的对比词是没有具体前述词的，例如，"如果……，对大家来说都会更容易。"在这个例子中，可以问问自己，对比词用得是否正确。比什么更容易呀？一旦注意到这是一个模糊的对比词，你就可以将句子改写为："如果我们聘用一位拥有 5 年编程经验的员工，弗雷德（Fred）就能全身心投入他的集成项目中，新员工也无须弗雷德的培训，直接就可上岗。”这句表述明显比上一句清楚得多。

你能识别出下列表述中的模糊之处吗？

- 我们应该尽快做出那个决定。
- 我们的销售额提升了。
- 我知道你是那样想的。
- 他们说你不能信任她。
- 我们需要尽快完成那件事情。
- 我们不能那么做。
- 那位候选人最适合这个岗位。

由此可见，对自己的表述负责是需要下点功夫的。如果你计划在 63 天内摒弃模糊用语（是的，63 天会形成一个新习惯），你会发现，你的表达比你阅读本书之前会更清晰。清楚明确的表达是信息可信度的基本要素，在说服聪明睿达的猫头鹰时，它也是关键所在。

米歇尔有言：

“清楚明确的表达是信息可信度的基本要素，在说服聪明睿达的猫头鹰时，它也是关键所在。”

强力词汇，焕活观点

强力词汇是激发对方情感反应的说服性和描述性词汇。它们会让你的表述更有力，能让人觉得自己受到了鼓舞、应立即采取行动。你可以尝试在沟通中使用相关的强力词来增加信息的力度，并提升整体的说服力。

表 6–2 中列出了一些强力词汇。

表 6–2　强力词汇表

减缓	解决	协调
缩略	奖励	纠正
废除	平衡	请教
削减	谈判	创造
免除	评估	批判
吸取	获益	培养
加速	预算	定制
适应	建造	应对
陪同	计算	争论
完成	征求	调试
实现	捕捉	分权
获取	分类	下降
行动	挑战	推迟
激活	改变	定义
促使	委托	交付
适合	承诺	彰显
添加	劝服	折旧

续表

鼓舞	最小化	注册
背书	激励	规范
实施	倍增	修复
参与	磋商	加强
交换	培育	保障
执行	观察	挽救
豁免	收获	节省
扩大	提供	筛查
促进	打开	确保
探索	策划	划分
揭露	订购	筛选
扩展	组织	分隔
提取	面向	满足
制备	来源	签署
推动	改革	简化
塑造	参加	模拟
获得	履行	供给
集合	说服	支持
测量	开拓	超越
产生	置于	系统化
举办	计划	收紧
确认	采购	培训
阐释	追求	交易
阐明	胜任	转移
贯彻	量化	转变
改善	引用	发现

续表

即兴	抬高	强调
包含	评级	从事
增加	评定	发掘
带来	接收	统一
个性化	推荐	联合
判断	调解	更新
减轻	记录	升级
偿付	恢复	敦促
起诉	招募	利用
游说	矫正	证实
维持	重新	重视
管理	减少	赢得
绘制	改进	起效
最大化	重拾	值得

用强力词提升信息可信度

用强力词强化句子内容，最简单的办法就是先把句子写出来，然后在合适的地方添加强力词。有些理论家建议，你可以尝试在动词前加一些副词（让形容词或动词更有表现力的一类词），例如，强力地说服。你也可以在名词前添加形容词（用来修饰名词的一类词），例如，一位强大的说服者。

英国前首相温斯顿·丘吉尔（Winston Churchill）在其1940年的著名演讲《鲜血、辛劳、眼泪与汗水》（*blood, toil, tears and sweat*）中就有一例。丘吉尔说：

“要问我们的政策是什么？我的回答是：‘拼尽全力，用我们的全部力量在海、陆、空作战；同一个在人类黑暗悲惨的罪恶史上从未有过的穷凶极恶的暴政进行战斗。’”

由此可见，强力词可以让句子的语气更为强烈。

小秘诀：语言本身的脆弱模糊是无法通过添加强力词挽救的，所以在添加强力词之前，首先要保证你所使用的动词和名词已经很有力度。例如“彻底完成”和“完成”一样表意不清，改成“由尼克（Nick）敲定并签署同意”会更有力度。

强力词会确保你的重要沟通内容更加富有活力，为你的说服力增光添彩。

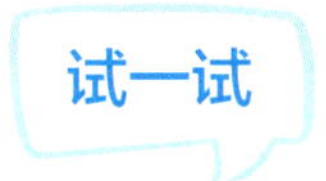

下一次你设计演讲内容或写邮件时，尝试用一些强力词来提升信息力度。

简化方案选项

你有没有过这样的经历：来到餐馆点餐，长长的菜单上满是让人望眼欲穿的美食，结果你却不知道到底该吃什么好。其实，浏览过菜单上所有让人垂涎三尺的美食后，你可能都不饿了。但这不是你的问题，是它们的问题。

很多有关说服力的研究表明，发言者要仔细平衡好给潜在客户或相关方提供的方案数量。只提出一项会有要求对方的感觉，使潜在客户没有做出实际决定的自由度。两个选项也有点强求对方的意味，但太多的选项也会让人负担过重，会让人因为害怕做出错误的选择而摇摆不定、难以定夺。

2004 年，哥伦比亚商学院管理学教授兼知名选择专家希娜·艾扬格（Sheena Iyengar）对近 80 万员工的企业赞助退休计划进行了研究。她和她的团队研究了选项对参与率的影响，研究结果和我刚才讲的一样，那就是提供的方案越多，人们参与该计划的可能性就越低。只提供 2 个退休金方案，参与率在 75% 左右，有趣的是，当提供 59 个退休金方案时，参与率就掉到了 60% 左右。在 80 万的受众中，15% 的降幅可不是个小数目。

该团队还对果酱的口味做了类似的实验。当他们在一家高端超市的柜台上摆放了 6 种口味的果酱时，30% 的顾客会前来品尝；换成 24 种口味之后，前来品尝的顾客只有 3%。我自己也有过切身的体会，我光顾的肉铺会在店门前的热餐盘上放置很多口味的香肠供客人品尝。全都尝了一遍之后，我真是一点都不想买香肠了。

若选项过多，决策制定的过程就会更有风险。当我们淹没在重重选项中时，大脑就会“宕机”，什么决定都做不出来了。

有时，选项少点更有用

有时你会想提供很多选项。这或许是因为大胆的提案会给你带来你想要的知名度，让你出尽风头，又或许是因为你想把每种可能都列出来，这样对方就总能找到他想要的，也就不会再去见你的竞争对手了。这种情况下，你就得给出很多免费小样，或是品类繁多的“先尝后买”方案，才能将选择错误或决策错误的固有风险降低。

加拿大温哥华的冰激凌店 La Casa Gelato 就证实了这一方法。该店提供 238 种奇奇怪怪的冰激凌口味——连陈年香醋味儿和大蒜味儿的冰激凌都有。2019 年 11 月，该店打破了吉尼斯世界纪录，成为“最具商业价值风味”的世界纪录持有者。该店以这样的方式激发顾客的想象力，同时还因其斑马营销（能让人真正脱颖而出的营销方式，就好比一群条纹斑马中出现了一匹斑点斑马）的风格收获了大量很酷的宣传。借用作家赛斯·高汀（Seth Godin）的比喻，这家冰激凌店就好像一头“紫色的奶牛”。真是独树一帜。

200 多种口味并没有让顾客头晕目眩，相反，La Casa Gelato 使用的是一种大方的品鉴流程，顾客来到店里收获的是全流程的体验——从选样试吃到敲定所选口味，并非让顾客进到店里快速选择然后离开。体验的过程才是价值所在。

知道何时限制选项

除非你决意进行充满挑战且很有可能成本高昂的斑马营销，否则选项还是越少越好。下面是限制方案选项的三步法。

1. 下次你在说服他人时，充分思考一下潜在客户或相关方可能感兴趣的所有方案。如果你提供的方案不能吸引潜在客户，那就不叫说服了，那就是操纵或胁迫了（见第四章）。

2. 将吸引对方的方案减少至 3 个或 4 个。

3. 用“或者”这个连词以最打动人心的方式进行推介。例如，“你希望在什么时候实践该说服单元，是在 12 月没有链接也没有辅助信息的时候，还是在 1 月只有链接的时候，抑或是在 2 月既有链接又有辅助信息的时候？”

以这种方式表达，相关方就不会直接说“不”，这也避免了对方被过多选项压垮的局面（这也是在说“不”）。这两种结果都不好，因为都是双输之局，谁都没达成所想。提供 3 个或 4 个吸引人的方案会增加对方点头说“好”的概率（大概率总有一个方案是奏效的），而这也是我们在说服性沟通场合中的终极目的。自己在餐馆浏览过于琳琅满目的菜单时也可以用这个方法。挑选出三四道最想吃的菜就够了。这样，不管从这几道菜中选择哪道，你都能尽情享受接下来的美味时光。

编号列表，层次分明

说服他人时使用列表主要有两点原因：一是吸引各类人群（如果对方不喜欢列表中的某一项，他还有其他选择）；二是让对方可以快速浏览，找到最重要的要点。

使用列表时，很多人要么用项目符号（也称点状符号），要么使用数字符号。如果你想尽可能有说服力，我建议你最好使用数字符号，尤其是在顺序很重要的时候。如果你之后会按照你排列的顺序提到列表中的某一点时，数字符号就会很有用。

有的人是真的需要你在列表中的每一项旁边都加上数字。这可以帮助他们理清你讲解的信息。除非你在每一项前面都加上数字，否则他们根本不会听，或者压根记不住。

如果你有选项或关键点，或者你会提到列表中的要点数量，那就一定要给每个要点标上标号。

凯瑟琳（Katherine）的故事

凯瑟琳是位建筑师。她很想说服同事们在其建筑项目中指定照明灯具的尺寸，以加速采购和施工流程。她在和同事的一次交流中这样说道：

根据房间的特定尺寸进行简单的计算，你就可以轻松得出：

1. 与墙面的距离。
2. 配件间距。
3. 所需数量。

凯瑟琳用序号暗示了决策制定的逻辑顺序。她用序号来展示客户应遵循的顺序。

小秘诀：在演讲和会议中，你也可以用手势来强调编号顺序。你在大声说出每个序号的时候，可以同时摆出对应的数字手势，这样就能帮助那些需要数字来集中精力的听众们了。

汤姆（Tom）的故事

汤姆是一家大型企业的业务开发部主管。有一次在向客户推介“说服蓝图”的“怎么做”这一部分时（请参阅本章前面的内容），他提出“我们要怎么解决这个问题呢？”，然后（因为这是设问句）又随即给出以下回答。他边讲解，边伸出手指去对应各个步骤的序号。

汤姆说：

我们应该采取以下三个步骤：

1.（汤姆举起一根手指）我们应该通过规划以及对既往方案的差异性剖析，对每周的高效时段和低效时段进行分析。

2.（汤姆举起两根手指）我们必须采用日历管理策略，最大限度降低干扰并为延长专注时间创造更多机会。

3.（汤姆举起三根手指）我们会将高层管理人员的受干扰情况做好记录并上报给执行官。

如果这是份书面文件而非对话或推介演说，汤姆只需要把数字写在每一点前面就可以了。这三步也有需要遵循的逻辑顺序，为帮助听众理解，这三步也被标明了序号。

从凯瑟琳和汤姆的例子中我们可以看出，用数字编号可以让你的相关方或潜在客户更容易倾听并记住标号的要点。

你在写邮件时，可以在要点旁边适当加一些数字符号，而非项目符号。

视觉辅助，抓人眼球，巧妙说服听众

我们都有过这种经历：发言者放了一页500多个字的幻灯片，用的还是8磅的小字号，然后说了句我们最不愿意听的话："我知道大家看不太清，但我还是想给你们放一下这一页。"千万别这样做！太多人在幻灯片上放上了太多的文字、表格和数据集，以至于人们戏称自己"快被幻灯片给折磨死"。如果你觉得说"死"不好笑，那我只好哭给大家看了。我亲眼见证了无数发言者做过数不胜数不堪入目的幻灯片。好了，不开玩笑了。如果你想说服他人，满屏文字的幻灯片绝对不是呈现数据的最佳方式。你明明清楚得很，可又为什么这么做呢？用这么糟糕的幻灯片忽悠听众、让他们的大脑一团糨糊，你还是别给自己找借口了。

好消息是，使用视觉辅助工具确实有效。亚利桑那大学管理信息系统的助理教授道格拉斯·R.沃格尔（Douglas R. Vogel）报告称，使用优质幻灯片的人成功说服他人的可能性比不使用视觉辅助工具的人高出43%。视觉感知是人们获取信息、记住要点的最有力、最常见的方式。利用好幻灯片，你就有正当的理由在人们心中留下记忆点。

幻灯片有以下两种作用。

1. 相比没有视觉辅助工具的情况，幻灯片能帮助你的相关方更高效地理解信息。

2. 幻灯片能帮助相关方更深刻地记住你的信息，长久不忘。

幻灯片若是使用得当，就会对你的信息可信度产生极大的助益。

别让人被幻灯片折磨

为了不让听众被你的幻灯片搞得头昏脑涨，也为了帮助对方快速理解要点，你有必要问问自己：这是在视觉上强化信息点的最佳方式吗？

这个问题非常重要，我建议你对幻灯片中的每一页都问一下这个问题。如果答案是肯定的，那就保留这一页。如果答案是否定的，那就修改一下，或者直接删掉，再找个更好的呈现方式。如果你觉得有些东西晦涩难懂，那就别用它——删掉它、调整它、改进它。

米歇尔有言：

“面对每一页幻灯片，都要问问自己：这是在视觉上强化信息点的最佳方式吗？”

发讲义

假设你是聪明睿达的猫头鹰，有很多技术信息要讲解给听众（或者你想要说服台下聪明睿达的猫头鹰们），而且你也清楚这种级别的技术信息并不适合放到幻灯片上去展示。在这种情况下，发讲义会是更好的选择。

幻灯片上的内容要是过多，我就会建议大家“对方看不懂的，就别放了！”，把这种幻灯片换成讲义。听众数量可控时用讲义就很不错——台下听众数千人的时候我也用过讲义。在会议或演讲中，讲义很适合呈现复杂的图案、表格和模型。讲义上若留有空格，还可以适时让听众填写。这样，讲义就可以作为一个互动工具来提升听众参与度。

小秘诀：如果你的讲义上内容很多，就要提示听众何时阅读、怎么阅读。你甚至也可以在会议或说服性场合结束后分发讲义，以供听众参考。

诀窍

米歇尔有言：

“对方看不懂的，就别放了！”

记住：图片胜过千言万语

尽量在幻灯片上多用照片和图像，少用项目符号或列表。记住：图片胜过千言万语。用图片强化某些元素，这样会让你传达的信息更清晰，不要用一大堆让人不知所措的项目符号。你可以在免费图片库搜索抓人眼球、引人联想的图片来加强与听众的情感联系。

小秘诀：我会建议客户，幻灯片上的要点最好用 30 磅的字号，下方放上一张夺人眼球的图片。

这样使用图片比单纯在一张幻灯片上放 3 个要点更容易记忆、更有说服力。字号要大气美观，要足够大，能让人看得清。

不要将报告的格式搬到幻灯片上

报告是独立的文件，通常包含很多信息（包括事实、统计、数据和图表）。你要让报告阅读起来像书籍或手册一样。你要是直接把报告放映出来，听众看着上面密密麻麻、缺乏重点的小字就会感到一头雾水，你讲解的时候他们就会分心。他们是做不到一边看满是文字的幻灯片一边听你讲话的（这样做会造成“认知超载”）。你应该保证你的幻灯片只强化要点，而且要确保给听众提供预读资料、讲义或复习资料，以供他们参考。

巧妙运用图片、表格和数据集

在使用图片、表格和数据集时，你要尽可能发挥创造力，并确保幻灯片中只包含你想强调的要点。不要把密密麻麻的表格从 Excel 中复制粘贴到 PPT 里。如果表格是在 Excel 中生成的，你要么确保 Excel 中的原表清晰简洁、只突出要点，要么就在 PPT 里新建一个表格，把非必要的元素全部删除。比方说，假如这个表呈现的是净利润增长、毛利润增长和工资增长这三者的对比，但你只想关注毛利润，那就把其他的东西从表中删掉。

记得在图表中使用大一点的字号，重点区域要用彩色标注，这样会使表格更加清晰。还有一点，除非你想使用对比法则（两个图表并排呈现会更有说服力），否则还是建议你在每张幻灯片上只放一张图片或一个图表。

巧妙表达

我们没法同时倾听并处理两个不同的对话，这是事实。这样做会造成认知超载。你去过鸡尾酒会吗？酒会上人头攒动、气氛热烈。你突然听到旁边有人提到了你的名字，于是你的注意力就转移到了他们的对话中，而不再留意刚刚的谈话。其实，你压根也听不见第一段对话了。这被称为“鸡尾酒会效应”。这一点你在交流的时候也是应该记住的。一次只提出一项请求，让对方听到你的第一个请求并对此采取行动，然后提出其他请求。

我敢打赌，你一定参加过这样的会议：发言者在台上滔滔不绝地讲个不停让你头昏脑涨，屏幕上还放映着幻灯片。这些幻灯片往往没法强化他说的内容，你也不知道关键点是什么、该采取什么行动。这就像身处鸡尾酒会，有太多太杂的人、事、物要关注。聪明睿达的猫头鹰有逻辑、善分析，他们会表达（也想听取）充分有力、有理有据的观点。他们不会对听众灌输过多的信息，否则就没人记得他们具体说过什么内容或到底认同什么观点了。

会议全程都要避免认知超载

我们再深入探讨一下与会议幻灯片相关的“认知超载”。这一概念由新南威尔士大学澳大利亚研究带头人约翰·斯威勒（John Sweller）教授证实。斯威勒教授对认知负荷理论的开发和研究表明，人脑可以处理并留存更多纯口头或纯书面的信息，二者混合使用则达不到这一效果。在2007年的一次采访中，斯威勒提出："用PPT演讲简直是灾难。就不该用它。"

此外，他还认为，虽然图表很好用，但念出图表上的文字并没什么效果，因为这会给听众的思维造成过重的负担。如果你想在幻灯片上用图表、图形、项目符号或文字来说服他人，理解斯威勒的认知负荷理论是很重要的。

为避免"认知超载"，就要确保听众清楚何时该看你。你可以站在会场中间讲话，清空身后的屏幕或只放张图片。同样，你也要让听众清楚何时该看屏幕，比如，你可以站到一旁，给听众时间阅读幻灯片，或者你也可以抬起手臂示意大家看屏幕。

小秘诀：敲键盘上的"B"键就可以使屏幕变黑，再敲"B"键，屏幕就会还原。这个功能只在幻灯片放映时有效（该方法不适用于放映其他类型的文件）。你也可以按翻页笔或遥控器上的"遮屏"按钮清空屏幕，再按一次，屏幕就会还原。试一下哪种最适合自己。

幻灯片和其他视觉辅助工具可以大幅提高你的信息可信度。你要认真思考怎样利用视觉辅助工具来让信息更清晰明了、不会造成误解、不会让人分心。

下次当你在会上使用幻灯片去说服他人时，想一想怎样实践上述的几点建议。你的幻灯片要抓人眼球、清晰明了、干净简洁，字号要大，图片要引人联想。图表中只保留重要部分并用彩色标记关键区域，会让内容变得更好记。

记住，在说服相关方时，重要的不是幻灯片；重要的是你，是你这位强有力的说服者。精美、干净、清晰的视觉资料会强化你的关键信息，让观众积极采取行动。

变通数字，巧妙推销

即使是聪明睿达的猫头鹰也需要你的信息清晰明了、说服力强，这样他们才会相信并去满足你的诉求。事实上，你的论断若有无可辩驳的数字做支撑，相关方基本就不会拒绝。毋庸置疑的数字会让相关方或潜在客户对你的信息产生强烈的认同。

“变通数字”就是用一种能够推销你主旨观点的方式去呈现数字。

怎么变通数字?

聪明睿达的猫头鹰（和想要说服聪明睿达的猫头鹰的人）要知道怎样推销数字才能起效。以下是几点小妙招。

- 把数字说得很有说服力。
- 赋予数字有意义的价值。
- 利用对比。

把数字说得很有说服力

这里你要认真思考一番，选择什么数据最合适。

假设你在一家葡萄酒分销公司工作，78% 的客户都会购买精品葡萄酒。你可以说：“78% 的客户购买了我们的精品葡萄酒。”你也可以变换一下：“有超过四分之三的客户购买了我们提供的精品葡萄酒。”在这个例子中，如果你想尽可能有说服力，就要思考一下你的相关方是谁、哪种形式的数字最适合他们。

我们再来看个例子。假设你打算这样表达：

“我们本财年的目标是制定 13 份蓝图，其中，4 份已完成，3 份正在绘制中，还剩 6 份蓝图待起草。情况还算不错。”

13 份中有 7 份成形、6 份待起草，这情况听起来可没那么“不错”，所以你怎么表达才能让它听起来更有说服力呢？你觉得下面这种说辞会不会更好一些呢？

“我们本财年的目标是制定 13 份蓝图，已有超过半数的蓝图已完成或在绘制中，只有不到一半有待起草。情况还算不错。”

再举个例子，假设你要将一个价值 15 000 美元的商品销售给 10 位客户。这个总价太高了，所以最吸引人的推销方式就是切分数字，按人均计算。

你可以说：“这笔投资价值 15 000 美元。”你也可以变换一下：“这笔投资价值 15 000 美元，每人仅需 1500 美元。”

用最有吸引力的方式来推销绝对是上上之策。

赋予数字有意义的价值

这里你要用比喻或类比让数字变得鲜活起来，这样，对方才能认清事实的重要性。例如：“这返工量堪比 52 个奥林匹克游泳池那么大啊！”

我们来看个例子。你试图劝说一位高级经理批准修复公司计算机系统中的故障。你可以说：“您知道吗？就因为我们代码中的错误，导致我们团队每个月要花 1 到 2 天的时间返工和重新运行！”你也可以变换一下：“您知道吗？就因为我们代码中的错误，导致我们团队每个月要花 1 到 2 天的时间返工和重新运行。团队里 5 个正式工，每个人多干 16 个小时，加起来足足浪费了 80 个工时。”

由此可见，以这种方式推销，会让你的论点无懈可击。

利用对比

在一张幻灯片上、一份文档中或者一段话语中，把两个数字并排放到一起，我们就会觉得每个数字都明显不同了起来，这会让我们更容易分辨出哪个数字最有吸引力。

这种“对比框架”适用于“使用前后”的场合。比如，假设你在思考要不要报名节食计划。这份节食计划的广告中用到的案例就是“玛丽”女士的照片，她在参加该计划前体重78公斤。(“78公斤”这个数字被巧妙地放在了玛丽参加计划前的照片旁。)在为期12周的节食计划后，广告称，玛丽现在的体重是65公斤，还在玛丽参加计划前的照片旁放了一张很有说服力的照片，照片旁还标着“65公斤”这个数字。由此可见，在这个例子中，玛丽的节食计划基于前后对比来看似乎非常有效。该示例通过前后数字及前后照片的对比来说服你。这种论据非常充分、无可争辩。

你也可以用“离谱的”对比来直接说明论点，就是用极端的数字对比来劝说相关方同意你的观点，比如收益太多或节省太多以至于他们必须听从你的想法。例如，“每个月我们在这个问题上都要花4000美元，一年就是48 000美元。要是请人来修复这个问题，就只需要5000美元，光是今年一年就能省下43 000美元。”这样你就可以通过数字的对比让你的观点无懈可击，毕竟谁不想省下43 000美元呢？

另一种方法就是“没机会”对比——你先提出一个较高的请求，对方很可能因为花销太贵、耗时太长而拒绝你。紧接着，你再提出一个稍小一点的请求。这样一对比，后者就会显得很合理。

假设你在申请某个岗位，你已知它的年薪在10万到15万美元。你也接收到了各种积极的信号，表明你是这一岗位的最佳人选。用“没机会”对比法，你就可以要求 16 万美元的薪资（比薪资范围的最高值高 1 万美元），等你确定自己想接受这个岗位后，再协商降到 15 万美元。这种方法让你有最大可能拿到最高薪资，而非只拿到最低薪资。

这一方法还可用于咨询行业。假设你的客户表示他们需要 50 名到 75 名现场咨询师来管理其大型信息科技需求。你提出的方案需要 85 名咨询师，但你深知他们根本不会同意给这么多人付薪水。等你知道自己的方案是客户的备选项后，你就把方案降到 73 人，为客户节省 2 名全职员工薪水的（也就是比最高预期 75 人少 2 人，比你最初的方案 85 人少 12 人）同时还能满足客户的需求。你的方案比他们的最高预期还少呢，他们怎么会拒绝呢？

再来看一个对比的例子。假设你是名企业培训师。你有两套培训方案，还出了一本书。书的价格是 25 美元，公共团体培训课程人均 1995 美元，私人培训课程为 15 000 美元。换言之，每项资源都比前一项要贵很多，而且最便宜和最贵的资源之间差距很大。对比法则表明，你应该总是先推荐最贵的方案，最后再推荐最佳的方案（你想说服相关方购买的方案）。原因在于，人们总会想从你那里买些什么，而他们最有可能选的就是最后一个方案。此时对比法就可以发挥作用了。在这个例子中，你先讲解价值 15 000 美元的私人培训课，然后推销 25 美元的书，最后，你再说服他们购买公共团体培训课程。还有个好消息，也许会有一小部分人愿意为最好的方案付费，所以你没准还能卖出几个 15 000 美元的私人培训课呢。

有趣的是，在说服性场合中，你也很可能卖出几本25美元的书。因为最便宜的选项实在是太便宜了，总会有人在买了别的方案之后还想顺带着买本书。

你还可以用“附加值”对比法。例如，在我写作本书之际，我以每人1995美元（含消费税）的价格出售我的说服力演讲技巧培训班名额。除此之外，我还为每名学员额外附赠了价值500美元的资料，保证他们不会忘记我所讲授的内容。如果有人还在考虑要不要参加我的培训班，即便他们感觉我的课和其他培训师的课大同小异（比如课程内容、讲解方式、经验技巧等），但我赠送他们的那份附加值绝对令人称赞。他们会意识到，选我才是明智之举。

下次当你推销某个想法时，看看能不能把数字变通一下，让你更有说服力。记住，关键是要建立信息可信度。变通数字能帮你做到这一点。

反复排练，直至十拿九稳

信息可信度的另一个特征（也是聪明睿达的猫头鹰的行为特质）就是不用借助笔记或提示就可以流畅表达。只有一个办法能达成这一点，那就是反复排练。不过，请放心，你没必要死记硬背（按照既定顺序一字一句地背诵练习）。除非你有三四周的时间专门背诵（或者你是位颇有建树的演员，知道怎么记台词），否则死记硬背只会让你的大脑一片空白。优秀的排练是不断练习你的观点，每次都用不同的方式表达出来。你的目标是让要点清晰、有说服力。

人们在未经排练就上台时所说的话会让人胆战心惊（包括那些身处要职的人）。小布什任美国总统期间，就因经常爆出"布什主义"而出名。"布什主义"是一种语言错误，其特点包括模糊的表达、错误的句式结构以及他临场编造的单词。来看看他的几个我最喜欢的"布什主义"：

> 我想感谢这数十个'以工代赈'的故事，他们坚定而庄严地承诺要努力工作，让自己受苦，他们真是我们的榜样。

其中，"让自己受苦"这个表达绝对不是小布什的本意。但整个句子听起来就是让人十分费解，语法错乱。他还用了自己不懂的词，结果听起来一点都不高明，反而显得很愚蠢。这明显降低了信息可信度。

小布什还说过：

> 我们的敌人勇于创新、足智多谋，我们也是如此。他们始终都在思考伤害我们国家和人民的新方

法，我们也是。

小布什的本意是想说美国政府一直在思考怎么伤害对方的国家和公民？显然不是。该抱怨自己说话杂乱无章、令人费解的人实在是太多了，他绝对不是唯一一个。很多人都遗憾自己不擅长提出表意明确、结构清晰的观点。当我以演讲技能培训师的身份向他们提问时，他们往往承认自己很少排练，只是在最后关头把观点抛出去。可事实是，说服力强的沟通者会排练。他们一遍又一遍地排练，一直不停地排练。你明白了吧？你一定要排练到十拿九稳为止。

诀窍

米歇尔有言：

“说服力强的沟通者会一直排练到十拿九稳为止。”

排练是什么？

排练就是不断重复关键信息，让信息的“主旨”扎根在脑子里。（有时，你还会不自觉地记住某些信息。）虽然你会在不经意间记住某些内容，但你会发现，通过排练，每次你都能以不同的方式表达大部分信息，这样听起来就会更加自然。你大概率会很忙，没时间在会议前把想说的话全都背下来，所以把握主旨要点就足够了，这也是最佳的准备方法。

应该怎么排练呢?

找各种各样的地方练习关键点的表达。排练的场所越多，到实际的说服性场合你就会感觉越舒服。无论在哪里演讲，你都不会害怕。上班的时候，一周多订几个不同的会议室排练；在家的时候，对着卫生间的镜子排练几轮；如果可以，你也能去院子里练习一下；在家里各个不同的房间也都可以尝试一番。我知道，这听起来很疯狂，对吧？但这真的能让你在任何场所都应付自如。

利亚姆（Liam）的故事

我有个客户，名叫利亚姆。他在公司职级很高，也非常受人尊敬。虽然他在工作上得心应手，但 CEO 并非次次都相信利亚姆的信息。利亚姆说话总是结结巴巴的，尤其是紧张的时候，偏偏他还经常紧张。所以对利亚姆来说，排练是必需的，否则他就会因为紧张而崩溃。

在我这里培训了几次之后，我们就意识到，利亚姆内心深处十分担心自己在重要会议上大脑会一片空白。我就同他解释说，如果他确信自己已然做足了准备，那么在上会前，务必要对讲话的内容多排练几次。现在，他会在家人的陪同下，对着（手机）摄像头排练。他甚至一边在小区健步走，一边排练。利亚姆真的会排练好多次。你想听好消息吗？就在利亚姆最近一次上会之后，他的 CEO 直接联系了我，对利亚姆清楚明了、有说服力的表达能力赞不绝口。

多多排练才能收获优异表现。你需要不断重复排练自己的要点。正如耐克的宣传语所说："Just do it!（放手去做！）"当信息可信，你便无可置疑。

试一试

下次你何时在会上发言？你要确保自己遵循4MAT系统或者"说服蓝图"，在你的演讲稿中实践本章提出的建议，然后排练，排练，再排练。祝你一切顺利！勇敢向前冲！

关于信息可信度，我还有一言

记住，所有人都是不同类型的结合体，差别仅在于大家对每个类型的偏好程度不同。不管信息可信度是不是你的强项，阅读本章后，你都可以从现在开始着手践行这些好的建议，从而培养自己内心那头聪明睿达的猫头鹰。有的建议比较简单，容易上手；有的则要花些精力。

没有信息可信度，你就很难有说服力。在大多数的说服性场合，相关方期待的就是你能提出有力的论点。你可以计划每个星期攻克本章中一项或几项内容。假以时日，你就会发现人们越来越相信你的观点了。用信息可信度提高你在生活中的整体说服力，机会近在眼前。

聪明睿达的猫头鹰

- 信息可信度对说服力至关重要。对方若相信你的观点，就更有可能信任你并满足你的诉求。
- 聪明睿达的猫头鹰会从各种角度谈到各个问题，会客观地讲解事实。
- 你可以用以下方法建立信息可信度。

1. 用 4MAT 系统或“说服蓝图”来构思语言，唤起对方共鸣，让对方念念不忘。
2. 用事实、数据、引述和主题专家来强化并支撑信息，它们可以用在说服过程中的任何环节。
3. 用设问句突出内容重点，引导相关方有逻辑地审视你的信息。
4. 不要使用会产生歧义、让人分神的模糊用语，例如，不要使用会让相关方误解的名词、动词、概括词、原则性用语或比较词。
5. 用强力词焕活观点。强力词汇是能激发对方情感反应、让表达更有力的说服性和描述性词汇。

6. 限制方案选项数量，减轻听众负担或降低错误决策。

7. 用编号列表帮助听众遵循要点并理解步骤或选项的顺序。

8. 巧妙运用视觉辅助工具吸引、说服听众，让你的内容以各种正当的理由在听众心中留下记忆点（同时增强说服力）。

9. 变通数字以支撑论断，让你的观点无懈可击。

10. 反复排练到十拿九稳，不断重复关键信息，让信息的“主旨”在头脑中扎根。

- 记住，我们都是不同类型的结合体。在大多数的说服性场合，相关方期待的就是你能提出有力的论点，所以，用信息可信度提高你在生活中的整体说服力吧。

第七章 类型二：居高临下的雄鹰

假设你不具备居高临下的雄鹰这一类型的说服技能，但你要去说服的人，比如经理、团队成员和家庭成员，他们的主导类型是居高临下的雄鹰，你就要学习一下这方面的技能。如果居高临下的雄鹰这一类型就是你的强项，你也可以通过个人权威来增强自己的说服力。正如巴菲特所言："如果你想像雄鹰般在天际翱翔，就不该和火鸡混在一起。"

居高临下的雄鹰是以可信度为说服偏好的类型。居高临下的雄鹰喜欢通过表现个人权威来说服他人。他所表现的权威是人的权威性，而非信息的权威性。之所以用居高临下来形容他们，是因为他们自信且强势，而且他们还会激发他人的自信心。

本章内容旨在帮助大家发掘自己内心那头居高临下的雄鹰、建立个人权威，让你成为一位不必想方设法讨好他人就能让人记忆深刻的说服者。

个人权威的重要性

如果你研究那些名垂青史的说服力强者，或是日常生活中那些充满说服力的人（亲朋好友，或是某位优秀的同事或经理），你就会发现，他们都有一个共同的特点：个人权威。个人权威是说服力强者的必要特质，因为它能让人信任你、尊敬你，从而给你带来更大、更好的机会。如果你想拥有说服力，就要建立个人权威。

在上一章中，我讲解了聪明睿达的猫头鹰以及他们对信息可信度的重视。居高临下的雄鹰是闪耀在台上的光芒，他们在其领域内一言九鼎，人们见贤思齐、愿意听从。用事实来支撑自己的立场，是在搭建信息可信度；个人权威的彰显则关乎你本人、你的经历和你的专长。彰显个人权威就是在展现你博识多通的知识储备。你拥有个人权威是因为你就是所在领域的行家里手，此前就累积了丰富经验，因此，人们都觉得你值得信任。

米歇尔有言：

“你拥有个人权威是因为你就是所在领域的行家里手，此前就累积了丰富经验，因此，人们都觉得你值得信任。”

一旦你拥有个人权威，相关方就会信任你，尊敬你。“权威”的内涵（及权威在说服过程中起到的作用）表明，可信可靠、经验丰富、品行高尚、为人正直且以客观标准被评判拥有良好声誉的人，就会被视为权威和可信的代名词。个人可信度太重要了，畅销书作家兼演说家约翰·麦克斯韦尔（John Maxwell）说：“可信度是领导的金山银山。有了它，便是金玉满堂；没有它，便是家徒四壁。”

二十多年来，我一直在教授学员如何在职场中让他人认为自己有权威、很可信。这里给大家分享两点好消息。

1. 人人都能变为“可信之人”。建立可信度不过就是专心培养可信度的每个子领域下的微观技能。我将在本章中为大家提供很多好的建议，助你迈出第一步。

2. 无须真的“很可信”，也能拥有说服力。你所需要的不过就是被认为很可信。短期来看，如果你感觉自己的可信度尚未达到期许的水平，完全不用担心——大多数人的可信度都不如自己的预期。换言之，在搭建可信度的过程中，你也可以假装自己很可信。

增强可信度的过程

建立个人权威和可信度往往需要一定的时间。你可以通过以下方式建立个人可信度，释放你内心那头居高临下的雄鹰。

- 行家里手，出类拔萃。
- 表露实力，切莫谦虚。
- 提高形象，节节攀升。
- 值得信赖，计行言听。
- 电梯演讲，精进技能。
- 冷静自持，沉着应对。
- 优雅发言，不输气场。
- 加油打气，自信不疑。

- 讲述故事，引人入胜。
- 不负众望，超越期待。

本章接下来的部分将细致讲解上述每一点，助你养成这些新习惯。

行家里手，出类拔萃

居高临下的雄鹰，其一大特征就是能以专业和实力，高效且圆满地完成任务。面对专家时，你的内心会生出一种强烈的感觉，认为他对情况了如指掌、他在该领域一言九鼎而且他一定知道什么才是上上策。构建专业知识的最佳办法就是精进自己的技能、积累业经证实的知识。

居高临下的雄鹰专攻某一领域，并致力于成为该领域的专家。你没必要通晓各个领域，正如这句谚语所说："通百艺即无一长。"试图成为各行各业的专家，就会稀释你在专业知识上的收获，最后一无所长。你知道还有比某一个领域更好的东西吗？那就是细分领域。专攻某一领域后，再用你的专业知识攻克其中的细分领域，这绝对是良策。希腊哲学家苏格拉底就曾对此提出过很好的建议，他强调："获得名誉的方式就是要努力成为自己心中理想的模样。"在你的职业生涯中，努力成为自己所选领域的专家、细分领域的行家里手，将这个目标纳入你的规划之中。

我的切身经历也可以说明这一点。1999 年，我开始专攻商界人士演讲技能的培养。2001 年，我进一步研究商界人士的说服性演讲技能。自此，我便深耕这一领域，时至今日，我的名字已经成为澳大利亚说服性演讲技能的代名词。人们不说“我要去上说服性演讲技能培训课啦！”，而是说“我去上米歇尔·鲍登的课啦！”。这就是我所说的专攻细分领域，而我在细分领域中付出的努力也让我收获了许多美好。

诀窍

米歇尔有言：

“居高临下的雄鹰，其一大特征就是能以专业和实力，高效且圆满地完成任务。”

努力将以下六点培养专业技能的方式融入日常生活中。

1. 争取机会，积累经验。
2. 寻觅良师，指点迷津。
3. 力学不倦，广泛阅读。
4. 专业认证，彰显实力。
5. 熟能生巧，勤能补拙。
6. 日就月将，步履不停。

争取机会，积累经验

能不能找到能够积累工作经验的地方？如果你刚刚毕业，要不要再申请个研究生？申请实习也可以，虽然工资不多，但能收获宝贵且丰富的工作经历。非营利组织会不会看重你能为客户提供的技能？不论你年龄多大，不论你处于何种阶段，总会有人（免费也好，付点酬劳也好）需要你的帮助。

小秘诀：如果你已经工作了，但想换个专业领域，你可以每周抽出一天时间深耕这个新的领域。你也可以在下班后自愿协助某个项目。工作经验可以帮你搭建专业知识和个人权威。

寻觅良师，指点迷津

明明可以吸取他人的经验教训、避免出错，又为何要重蹈他人覆辙呢？扪心自问：要想提升自己、增加学识，你得把哪些居高临下的雄鹰纳入你的社交圈呢？我有20多位导师，他们有的甚至不知道自己是我的导师。我关注他们的社交媒体账号，阅读他们写的书，听他们的播客。我还会付费向他们咨询。有的导师就是我的朋友。我在他们身边学到了很多。与他们相处，从他们身上学习，让我搭建了自己的知识专长，提升了个人权威。

力学不倦，广泛阅读

当今时代，获取知识往往相当便宜，甚至不用花钱。阅读一切你能获取的知识，提升你在个人领域里的专业度。

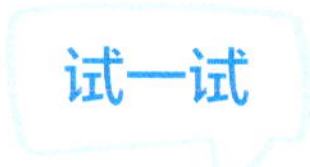

今天就找些东西来学，提升你在个人领域里的专业度，从而提升个人可信度。

专业认证，彰显实力

谁能为你梦想的技能提供认证？有很多优秀的课程可以让你学习到所需的技能，让你在步入新岗位、新环境时充满自信。你可以参加一个短期培训，或是一对一课程来获取你想要的资质，也可以向你专攻领域的专家递出橄榄枝，咨询他们最有价值的资质认证是哪一种。做做功课，找找备考资格认证的机构，努力获得资格认证，进而提升个人可信度，你就可以给他人留下深刻印象。

熟能生巧，勤能补拙

不惜一切代价，找寻机会练习所学。即便只是免费给朋友提供帮助。

吉姆（Jim）的故事

吉姆是一名财务顾问。最近，由于非营利组织大幅削减资金，财务顾问这一岗位很难找到工作。吉姆决定效仿美国实业家亨利·福特（Henry Ford）在书中所言：“你不能靠你声称将要去做的事情来建立声誉。”于是，吉姆主动出击，在找寻机会培养技能的同时，也在为他人提供帮助。

为了让自己的技能与时俱进，吉姆决定为一位近期深陷离婚官司和财务纠纷的朋友提供帮助。他的朋友得到了免费且大有裨益的建议，吉姆则锻炼、精进了自己的技能。他告诉我说，他从这段经历中学到了很多，还帮到了朋友，感觉特别好。这就是所谓的双赢之举。

日就月将，步履不停

我和我的家人都是狂热的篮球迷。斯蒂芬·库里（Stephen Curry）可谓是NBA史上最棒的控球后卫（在我全家眼里）。他曾说过："成功绝非偶然，成功其实是一种选择。"按他的话来说，如果你想成功树立个人可信度，就要怀着一种成长型心态，不断努力充实自己的经历、背景和经验，让自己成为一个全面发展的人。重点来了：不要只动嘴，要行动起来！去上课，去读书，去听播客。

你要明白，怀揣成长型心态，并不意味着头脑和智力是最重要的。你学习新知识时（在多种环境下变得兴趣盎然）的专心致志和刻苦努力终将让你成为专家。怀揣成长型心态的人会把功夫下在学习上，而不是整天杞人忧天、忧心未来。

试试通过以下四种方式拥抱成长型心态。

1. 制定目标。写下自己的目标，以及实现目标的步骤。研究表明，写下目标可以强化目标在脑海中的形象，从而帮助你专心实现目标。这一清晰明了、方向感十足的形象会让你之后的行为有所改变。从神经科学的角度来看，写下目标会改善所谓的"编码"过程，即形成长期记忆的过程。这种编码会让你更容易记住目标、采取行动。

2. 反躬自省。静下来，承认自己的失败，反躬自省并坦然面对。要记住：不适与成长只有一步之遥，失败只是不适的另一种说法而已。你要反省从这段经历中汲取了什么经验、怎么保证自己下次会做得更好。

3. 巧用“终将”。“终将”这个词可以放到很多句子中，例如，“我还没实现，但我终将成功”中的“终将”在这个句子中非常重要。它体现出你总会实现自己的目标，只是现在还在努力而已。在这一方面，你可以向《海底总动员》中的多莉学习，它说：“坚持游下去，坚持游下去！”只要刻苦努力、专心致志，你终将实现目标。把“终将”一词纳入你的词典中，不论过程多么艰难，你终将培养出你想要的技能或能力。

4. 培养毅力。毅力就是坚韧和决心，是你在失败时依然执着向前的韧性和动力。当你那“永不言败”的心态迫使你在逆境中坚持到底时，你就拥有了毅力。毅力是成长型心态的关键要素。

关于培养毅力，哈佛大学副教授（兼自由学者奖得主）莎拉·刘易斯（Sarah Lewis）给出了她的建议：“毅力不单是指在恶劣环境下能够坚持埋头苦干的能力。它更是一种令人难以察觉的忍耐力，让你坚守在非舒适区，针对特定的利益刻苦精进，并反复练习，孜孜不倦。”

诀窍

米歇尔有言：

“怀揣成长型心态的人会把功夫下在学习上，而不是整天杞人忧天、忧心未来。”

试一试

想想让你觉得失败的事情，想想你要如何排遣劳而无功的失意并继续前进。下定决心，以满满的动力和坚韧的毅力克服挑战。

由此可见，在成为真正的专家、建立个人可信度方面，你还有很长的路要走。强调前路的艰辛毫无意义。一次攻克一个难题，每天都进步一点。还记得我在本书前言部分提到的每天仅进步 1% 的目标吗？勤学苦练、始终如一，每一小步累积起来就会是巨大的飞跃。终有一日，当回望自己的付出和辛劳时，你会自豪地说："天哪！我取得了这么大的进步！"

表露实力，切莫谦虚

众所周知，人们会在很短的时间内对你形成一个印象。如果不能直接让人感觉你就是专家，那他们还怎么去相信你？励志作家伊斯雷尔莫尔·艾瓦（Israelmore Ayivor）曾说："敢于彰显实力。当事情由你负责时，出众的实力会让他人心服口服。"

要想让对方愿意采取行动去满足你的诉求或支持你的宏图高见，你就要让他们觉得你在这件事上有权威、你深谙自己的领域并值得被信赖。我会在第九章详细讲解如何留下良好的第一印象。现在的重点是，你要尽己所能，时刻展现出个人可信度。

米歇尔有言：

“要想让对方愿意采取行动去满足你的诉求或支持你的宏图高见，你就要让他们觉得你在这件事上有权威、你深谙自己的领域并值得被信赖。”

表达自己的实力和可信度

可靠之人清楚如何在不吹嘘自己且又能激励他人的情况下表明自己的实力。当谈论自己时，有两大因素你需要考虑。

1. 满怀自信，但不妄自尊大。要清楚如何以不傲慢、不讽刺的方式谈论自己，这很重要。你也不想自己听起来像自吹自擂，因为自卖自夸真的很让人讨厌。

2. 放宽心态。不要让人觉得你并不习惯谈论自己的成就。

大家可以用我称为“可信度公式”的秘诀来讲解自己的经历。这一公式的关键之处就在于，它能始终保证你提到的任何与自己相关的内容，都会与潜在客户或相关方的痛点、问题、困难或挫折联系在一起。

可信度公式的模板如下：

我在______担任专家的那______年，学到的便是______（体现相关方的痛点）。这对您而言意味着______。

要注意，模板中的“体现相关方的痛点”这一部分，你要表达出对方在此刻面临的烦心事、挑战、挫折、困难或痛点。

下面看看我的一位客户运用可信度公式的实例：

加入ACME之前，我曾是一名专门从事保险业务的财务顾问，所以我深知把潜在客户转化为有效客户，再让投保人持续参保有多么困难。（战术性停顿）今天，我们将为大家列出一些确保我们履行法律责任、提供优质服务从而留住更多客户的举措。

这一公式之所以奏效，是因为你的说辞里并没有吹嘘自己的成就，而是体现了你理解相关方的痛点（挑战、问题、困难或挫折），以及你的经历会如何帮助其解决这些痛点。这种方法不仅能让你清晰陈述出与相关方有关的经历，还能提升你的整体可信度。

同样的说辞还有另一个模板：

我和______谈话的时候，他们提到了______，我认为______（体现相关方的痛点）。因此，今天我们就来谈一谈______，这具有重要的意义。

下面看看我的一位客户成功运用这一模板的实例：

我和一家北美仿制药公司的CEO在谈话的时候，她提到了如果出现运输延误的问题，她会争分夺秒努力赶上产品发布的时间。我认为，在承诺给客户交付货品时，运输是个大问题，我们或许也面临这个问题。因此，今天我们就来制订一份首选的运输方案，这对避免类似的延误问题具有重要意义。

这个方法聪慧灵活，以我的经验，你可以把这个公式融入几乎任何对话当中。这个方法的重要特点在于，只要你能把自己的情况和相关方的痛点联系起来，并设法解决痛点，你就可以持续不断地谈论自己了。相反，如果你只是在谈论自己，那就会让人觉得你在自吹自擂，他人对你就会产生反感。用了可信度公式，别人就不会觉得你自命不凡了。

知道要说什么

谈论个人可信度时，你会提及的东西包括你的资历、成就和奖项、他人的荐言以及过往成功经历中的实例或故事，还要尽量使用可信的词语。

我们一个一个来看。

资历

要让人们知道你获得的学历和资质。你可以在你的电子邮件签名和社交媒体简介中加上你的职位、联系方式以及学历信息，也可以把学历证书挂到办公桌后面的墙上，这样人们和你会面时就能一眼看到。

成就和奖项

要让人们知道你得过的奖项或专业称号，这很重要。你可以把学术成果和奖项放到人们能看见的地方——办公桌上、Zoom 会议的背景里或者社交媒体简介中。例如，我获得过专业演讲发言者认证（CSP）。我在社交媒体上的我的名字后方，以及电子邮件签名的后方，都放上了 CSP 这三个字母。我还把 2009 年颁发给我的证书挂在我召开 Zoom 会议的背景墙上，附带的奖牌就挂在奖框旁。潜在客户看到后就经常会问我。人们会觉得这个奖项彰显了获奖者的演讲实力，所以我就利用了这一点赢得了客户、留住了客户。

花点时间，回顾一下你过去几年都收获了哪些成就和奖项。

确定之后，一定要把它们列在社交媒体个人资料部分的相关位置。你还能在哪里提及这些成就，又不会显得你在吹嘘呢？你有没有哪些证书能挂在办公室的墙上呢？

荐言

尽量使用客户荐言。荐言是可以反映客户对你本人、你的产品或服务产生积极体验的评价或陈述。它们可以作为外部证据，证明你为人可靠、值得投资。

你可以鼓励潜在客户或相关方为你荐言。荐言利用社会认同的法则（人们参考他人的行为来做出决定）来鼓励你的潜在客户或相关方相信、认同你的观点。

的确，荐言能让人安心、放心。咨询公司 Invesp 研究表明，90% 的客户会在拜访某家企业前阅读网上评论。国际调研公司英敏特（Mintel）的一项（针对 2000 名受访者的）研究发现，近 70% 的客户会在购买前参考网上的评论。在阅读网上评论的受访者中，90% 的人表示好评会影响他们的购买决策，而五星好评会让顾客多花 31% 的钱。荐言是非常有用的外部证据，能证明你可靠又可信。

米歇尔有言：

“荐言能让人安心、放心。它也是非常有用的外部证据，能证明你可靠又可信。”

巧用荐言

说实话，我读过很多不值得写在纸上的荐言，因为那些荐言根本没证明你有多可靠、多重要。好的荐言应该包括以下内容。

- 和你共事的好处。
- 达成的结果或收获的价值。

此外，好的荐言还要鼓舞人心、真实可信（不要好到有些不真实）。荐言的来源也要是令人印象深刻的人物，或是来自优秀和相关的企业。

例如，下面是来自我的一位非常重要的客户卡罗琳（Carolyn）的荐言。要注意，在判断某人的价值时，你寻求的一切都能在这份荐言中找到。

> 米歇尔·鲍登的说服性演讲技巧培训班是我们每年管理发展计划的必备项目。年复一年，我们经理人的说服技能都产生了质的飞跃。他们学会了将实用的模型融入说服表达中的技巧。团队通过运用他们在培

训班收获的技巧和丰富的资源，领导力实现了更上一层楼。怀揣着十足的信心和出众的能力，我们的团队勇往直前，在每一个沟通交流的机会中都实现了积极的影响。

杰温公司亚太区人才开发部总经理　卡罗琳·肖

我们再来对比一下有效荐言和无效荐言。首先来看一下丹尼尔（Daniel）的无效荐言。他是一位时间管理培训师，在网上推销自己的课程。他把下方的荐言放到了社交媒体平台和网站界面上：

我很喜欢你的培训。这正是我所期待的。感谢。

小企业主　玛丽

我来问问你，读了这条荐言后你会报名丹尼尔的课程吗？恐怕不会。没人在乎玛丽怎么想，玛丽姓什么也没写，公司名字也没写。这个人肯定不是来自知名机构。这条荐言都很有可能是丹尼尔自己编的。玛丽的评价很无聊，也没写清楚培训有多有用，也没看出培训的价值有多高。想必你是不会报名丹尼尔的培训课的。

我们再来看一下格蕾丝（Grace）的荐言，和丹尼尔的做个对比。格蕾丝在演讲局工作。她在社交媒体和网站上的荐言如下：

> 在寻找发言者方面，格蕾丝是货真价实的行家里手。她非常有耐心地了解了我和我的相关方的需求，并为我们的活动找到了最合适的发言者。我们的代表们非常高兴。她完全超出了我的预期。所以，我在此强烈推荐她。未来的会议上有任何需要发言者的场合，我都会和格蕾丝合作的。
>
> 亚马逊营销主管　利安娜·圣约翰（Leanne St John）

你会预约格蕾丝帮你找寻发言者吗？我想会吧。人人都在意利安娜的想法。（她可是位来自知名公司备受瞩目、位高权重、令人钦佩的高管啊！）她的评价清晰又具体。而且，她还阐明了对自己（作为格蕾丝的客户）和对听众们的好处。可以说，格蕾丝的服务价值很高。利安娜还说未来会再次和格蕾丝合作，这就会让你相信，如果你也选择格蕾丝的服务，你也会收获类似的体验。

从上述例子中便可看出，在荐言中提及好处和价值且来源可靠，会更有说服力。

知道何时何地使用荐言

荐言可以用在个人网站和社交平台上，也可以在对话中、会议上、邮件里以及其他沟通场合提及。如果在这些场合使用荐言，你就要提知名人士或机构来抬高身价。例如，你可以这样说："我在谷歌工作的时候……""比尔·盖茨总是对我讲……""我太激动了，刚刚西太平洋银行的萨拉说我的培训班能'改变人生'并非夸大其词。真是太好了！"

在谈论自己时，始终要以正当、合适的方式提及知名人士，以此抬高自己的身价。我曾有幸给医药行业的一个专业医疗团队介绍我的“说服力智能剖析”（全球首个评估职场说服力优劣势的心理评估工具）。这个团队是由一位资历深厚且经验丰富的精神病学家管理的。

在同潜在的新客户谈及“说服力智能剖析”的价值时，我很快就提及了这位精神病学家的荐言：“我特别喜欢它！”这为我的整体实力和评估工具的有效性增添了极大的分量。我的整体实力和评估工具的有效性也正是本书的根基所在。

找寻一些可用的荐言来证明你的实力。你可以把荐言放在个人网站或社交媒体平台上，也可以在对话中同你想说服的相关方或其他人提及荐言。

用实例说话

用自己过往经历中的实例来解释人们应该怎么做、为什么该这么做或者你觉得他们该怎么做。你要练习用实例回答关键问题。你给出的回答要能够进一步巩固相关方对你实力的判断。

我们来看看用实例会产生怎样的效果。假设你想说服相关方在未来6个月内以模块的形式为其企业推行SAP——一款企业资源规划软件。在这种场合，你要通过讲解自己的经验和学识来建立个人可信度。你的个人实例（你的背景故事）可以让你变得可信。所以你可以这样说：

> 我们应该以模块的形式推行SAP。我在XYZ公司的上一份工作中，就在6个月的时间里以模块的形式使用过SAP。当时我们一次交付一组模块，重点关注单独使用某一模块的独立团队。这种分阶段推行模块的方式让雇员们更容易去管理流程的变更。

用可信的词汇

谈论自己时，一定要用一些可信的词，例如，合格、熟练、精通、权威、经验丰富、专家、受认可、训练有素、老练、实践、专业、认证、有执照、官方、授权或公认。这些词可以凸显实力。

杰克（Jake）的故事

杰克是我的一位忘年交。他今年刚20岁出头，大学成绩十分优异，均分非常高。他最近刚刚入职一家大型企业，仍在商业世界中探索未来的道路。他和我提到他亮眼的大学均分时，我当时惊呼：“你一定要和你的新老板说你的成绩！”他特别惊恐，直言：“不敢不敢！他们会觉得我太能显摆了。”

永远都要记住，人们没有读心术。他若不说，他的老板就永远不会知道他在大学里的成绩有多好。这多可惜呀。难道你不觉得，他老板很乐意知道自己如下赌注般招聘的新员工其实大学成绩相当优异吗？别害羞，也别担心自己好像在自吹自擂，告诉大家你的成就——谦逊地讲出事实。

如果你没法自然地坦言你的实力，那你肯定想知道怎么才能畅谈。对有些人而言，本章迄今为止的很多建议都会让他们很惶恐。我的建议就是，多和爱你的人练习上述方法，和你的家人朋友畅谈你的成就。

小秘诀：先在相对轻松的场合练习表达实力，最终你就能在专业的场合更为自然地推销自己了。

提高形象，节节攀升

若想提高个人可信度，让自己受到关注是很重要的。你要让人注意到你对此很感兴趣、你也是个有趣的人。有很多方法可以提高你的商业形象，下面将为大家介绍一些。

加入委员会

工作委员会是锻炼沟通技巧、彰显个人价值、树立个人可信度和权威的好地方。

加入委员会有以下几点好处。

- 会收获一些优秀的经验。
- 能遇到一些需要认识你的人。要记住："相比才学，人脉在商业中更重要。"
- 能让他人知道到你是谁、你的立场是什么。
- 会有机会运营项目、领导团队、畅所欲言。
- 人们会看到你的实际行动，未来有机会更愿意推荐你。

罗丝（Rose）的故事

罗丝加入了公司的社交俱乐部建立人脉。她协助组织了很多社交活动。公司高层注意到了她在组织活动方面的干劲、奉献和专业。后来，她在不知不觉间被提拔为CEO的执行助理。

在会议和座谈会上发言

受邀担任活动演讲发言者或座谈会成员是对你作为专业人士的技能和形象的公开认可。你是值得他人倾听的对象，要张开双臂拥抱这个良机。座谈会往往是为了探讨行业内的重要议题，会激发不同观点的碰撞交流。你作为座谈会成员就是要分享自己的知识和专长。所有常规的公共演讲规则都适用于座谈会发言。你若表现得非常好，就会被视为货真价实的行业专家，拥有雄鹰般的自信和权威。

小秘诀：如果你想学习如何在会上发言，我强烈推荐我的另一本书《如何演讲：用制胜技巧呈现观点、影响他人的终极指南》(同样由约翰·威利父子出版公司出版)。

参加公司的社交活动

让人看到你的存在很重要。职场中的任何活动你都应积极参加，你要给每个人都提供支持，对工作上的事情都怀揣兴趣。最重要的商业对话往往发生在社交活动中，因为人们会很放松，会放下戒心。你要利用好一切机会展开雄鹰的翅膀。如果你不参加，就融不进圈子，别人就会以为你不感兴趣。你自己千万不要放下戒心。记住，你没法不去影响他人。你始终在影响他人。

参加所在行业或感兴趣领域的交流会

居高临下的雄鹰很容易建立人脉。参加交流会可以帮助你与关键人物建立联系并获取最新信息。如果有专家发言者出席活动，你也会学到很多。在轻松的氛围中结识新友能加强人际关系，让他们知道如有需要，可以来找你。我曾在某场交流会上结识了一位行业领袖，他在喝酒时很放松地将10年内赚500万美元的策略讲给我听，还约我去演讲，并把我介绍给了他的朋友。这场交流会含金量太高了。

自荐去当播客、博客和视频博客的嘉宾

很多全球性组织会担任联协机构，为播客、博客和视频博

客推荐嘉宾。很多这类的组织会让你免费递交个人资料。主持人收到你的相关信息后，若觉得你适合做嘉宾，就会主动联系你。我就曾在很多影响深远的地方担任嘉宾，悉尼、孟买、美国等地我都去过。不论你在行业中是何种职务，今天或许就是你给播客引荐机构递简历的好日子。

加入董事会

成为董事有很多好处，你可以了解很多公司里里外外运作的方式。你会收获诸如沟通力、领导力等多种专业技能。加入董事会是对你作为商务专业人士的能力和价值的公开认可，有助于提升你的个人形象。

机智评论他人在社交媒体的发帖

全球无数人在各种社交媒体平台上发帖。他们热衷于鼓舞、教育他人。若你能以明智的方式（尽量用最少的字数）发表评论并为读者增添价值，你就能展现你作为专家的一面，并巩固你的权威形象。

挑选几位社交媒体平台上你钦佩的主题专家，看看自己是否能为他们的帖子增添价值。

找寻公关机会

宣传或公关可以在公众中培养良好的声誉，其形式多样，包括传统媒体和社交媒体上的采访以及面对面活动。你要抓住机会让自己被引述或以专家的身份出场，可以从所在行业的出版物起步。

试一试

写一篇能帮助行业内人士解决某个关键问题或应对某项挑战的文章。找到所在行业的主流杂志、电子杂志或博客的主编，并请他们发表你的文章。

小秘诀：一定要让人人都知道你卓越的才能、十足的干劲和满满的自信。居高临下的雄鹰能很自然地做到这一点，因此，他们往往是掌控全场的人。

值得信赖，计行言听

赢得信任需要时间。如果你始终真诚可靠、诚心实意，你终会赢得信任。若你值得信赖，人们就会依靠你。他们就会放下戒心，对你计行言听。值得信赖的人要比不值得信赖的人更有说服力。

如果你想值得信赖，就需要培养以下 5 个品质。

- 真实。
- 如一。
- 正直。
- 可靠。
- 可用。

米歇尔有言：

“若你值得被信赖，人们就会依靠你。他们会放下戒心，对你计行言听。值得信赖的人要比不值得信赖的人更有说服力！”

真实

真实的人在思考、说话和做事的方式上忠于自己的个性、价值观和精神。如果你想让人觉得你很真实，那你就要诚实待己、诚实待人，要保证言行是价值观的真实写照。

如一

人们信赖始终如一且可靠的行为。始终如一就是指反复重复相同的行为、习惯和程序，并在必要时加以调整改进。行为如一会让人感到安心，这也会对你的说服力起到好的作用。

正直

如果你为人正直，人们就会觉得你诚实可信、坚守高尚的道德准则。正直会让你不论结果如何都能讲实话、讲真话、主动承认错误（即便你本可以逃脱惩罚）。正直的人会为自己的错误负责。学者兼小说家 C. S. 刘易斯（C. S. Lewis）曾说过："正直便是哪怕无人监督，也要做正确的事。"

可靠

可靠就是指言出必行。很多人虽有言却不行，因此自己感到很愧疚。他们说"我们必须抓紧时间呀！"，可是承诺却从未落实。有的人会向你承诺提供某种帮助（为你的职业生涯美言几句或是提供机会），结果他却没有实际行为。你就会犯嘀咕："是我的问题吗？是不是我哪里做错了？""是不是他们根本不喜欢我呀？"

不可靠的人经常会打破融洽关系，根本没有说服力。相反，如果你能言出必行，就会让人觉得你很可靠、值得信赖。

小秘诀：人们尊敬言出必行的人。重点是，言出必行能增加你说服他人的机会。

可用

如果你想让自己值得被信赖，你就要保证自己有时间支持、指导他人。一定要为他人腾出时间，他人走进办公室时你要抬头和对方交流；要接听他人的电话，也要及时回复邮件。

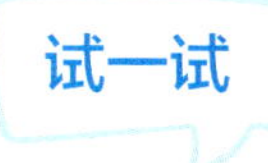

精心思考一下值得被信赖的五个要素：真实、如一、正直、可靠、可用。

电梯演讲，精进技能

你身处交流会中，每个人都要轮流起身，向听众介绍自己。到你了。你会怎么做呢？

当他人问“你是做什么工作的呀？”，你要怎样回答才能脱颖而出？有一种方法不错，就是展开一场令人惊艳的电梯演讲。电梯演讲是一种短小精悍且清晰明了的商业推介，可以在乘坐电梯时进行。若你想充分利用机会，就要时刻准备好展开一场令人印象深刻的电梯演讲，尤其是在参加交流会的时候。

为什么要精进电梯演讲技能？

电梯演讲技能不佳的人很难吸引他人的注意，从而错失说服他人的良机。企业家需要一场精彩的电梯演讲，才能让潜在客户相信他们能提供卓越的产品和服务。但如果你是“内部企业家”（在企业内部工作），那么你想要遇到合适的职场伯乐、获得下一份合适的岗位，你就需要锻炼一下你的电梯演讲技能。

事实上，快速解释自己的工作内容也是很好的锻炼，可以帮助你深入了解自己在做什么和为什么这么做。

发表精彩的电梯演讲

电梯演讲没必要小题大做。总有人问我怎么写一份精彩的电梯演讲稿。我参加过一个如何写电梯演讲稿的研讨会，会上教了个九步法。是的，居然有九步，简直是胡说八道。电梯演讲不用这么复杂。

我在此给大家提供两种演讲风格。第一种我称为“一句话电梯演讲法”，第二种我称为“电梯演讲五步法”。如果你的演讲时间相对充足，可以尝试后者。

一句话电梯演讲法

一句话电梯演讲法就是只用一句话去解释你如何帮助他人。你可以用“我帮助他人”开头，然后解释你的成就。你也可以先介绍自己的头衔，然后列举出你帮助他人的方式。以下是几个例子。

- “我帮助职场中郁郁不得志的人摆脱朝九晚五的工作，树立人生目标，通过建立自己的企业实现成功和富足。”
- “作为一名高管策略师、培训师和演讲发言者，我能厘清复杂的局面，让人们面对艰难的抉择也能满怀信心地做出选择。”
- “作为推介培训师，我帮助人们有说服力地表达想法，从而让他们不受质疑，赢得更多机会。”
- “我在普华永道任会计师，专门研究公司税务。我目前在做一个很有趣的项目，将一位国际客户的纳税金额降到了最低。”

由此可见，一句话电梯演讲法可以给人留下深刻印象。如果对方想摆脱无聊的公司工作、在高管职位做出重要抉择，他们就会知道该找谁。

电梯演讲五步法

如果你想要稍长一些的电梯演讲，这个五步法可以让你轻松规划演讲内容。五步法的具体内容分别是：

- 问题。简单介绍问题——“很多人发现……”
- 解决措施。列出解决措施——“想象一下，如果……”
- 目标听众。解释哪些人能从你的产品或服务中受益。
- 证明。列举一个或多个从你的帮助中受益的客户。
- 事实陈述。用你提供的服务实例来结束演讲，保证听众被你说服。

电梯演讲五步法的例子如下。

你是不是觉得说服他人认同你的观点难如登天，对此一筹莫展？想象一下，如果你知道成功的企业发言者们使用的说服公式该有多好啊。我专门帮助商界人士推介宏图高见，可以让听众侧耳倾听、参与互动并快速认同。去年我就帮助过几位企业客户赢得了数百万美元的竞标。就是因为说服公式真的有效，我们才会用的。

下面是稍长一些的版本：

很多人都害怕公开演讲。你甚至可能听说过，让有的人公开演讲还不如让他去死。想象一下，如果你能学到优秀发言者控制紧张情绪的方式，那下次登台演讲之时，你就也能吸引听众、不再恐惧了。我专门帮助商界人士克服公共演讲恐惧，他们经过锻炼后，每次登台都能自信满满、清晰明了、富有影响力地表达。我最近帮助了一位优秀的女士，她名叫艾米。艾米 10 岁那年在班级做演讲的时候，老师和同学对她嘘声一片。多可怕呀！可怜的艾米！自此，艾米十分害怕公开演讲。22 年过去了，32 岁的她联系到了我，说她决心克服恐惧。她要在 120 人的会议上发表主旨演讲。她跟我说了三个字："救救我。"最终艾米学会了说服性商业演讲的三段法。好消息是，艾米告诉我她是会上表现最好的发言者。她从此完全摆脱了恐惧。人人都能成为自信的演讲发言者——只要知道怎么做，并放手去做，这样就可以了。

试一试

你能用上述的一句话法或五步法写一份电梯演讲稿吗?

写好之后，不断练习，这样下次你再参加交流会、有人问你是做什么的，你就可以自如地表达了。我确信，练习好演讲后，你一定会对自己心存感激。

冷静自持，沉着应对

是的！居高临下的雄鹰面对压力依然能冷静自持。他们不会乱发脾气、抬高嗓门或是恐吓他人。正如公元前 1 世纪的拉丁作家普布里乌斯·西鲁斯（Publilius Syrus）所说："风平浪静时，谁都能掌舵。"居高临下的雄鹰最大的特点就是在面对对手时，依然能保持沉着冷静，也因此，他们也能让周围的人冷静自持。

冷静的对立面是压力和愤怒。后两者会降低你的认知能力、增加罹患肥胖症和心脏病的风险，也往往会让周围的人身处不愉悦的工作环境中。一家领先的情商培训服务商对 100 多万人展开了调查，结果显示，90% 的优秀人才擅长在压力面前管理自己的情绪，以保持冷静自持。如果你想展现个人可信度，就要表现出同样的沉着冷静，也就是说，你要学会控制情绪。

诀窍

米歇尔有言：

"如果你想展现个人可信度，就要在压力面前管理好情绪，保持冷静自持，也就是说，你要学会控制情绪。"

保持冷静

在压力面前保持冷静的方式有很多，包括冥想、规划应对方式以及调整呼吸。

冥想

要想让冷静自持成为习惯，冥想是个不错的方法。众多研究表明，每周定期冥想会让你在人生中更加沉着冷静。即便每天只冥想五分钟也能明显缓解你的紧张情绪、调节你的反应能力。

规划应对方式

提前思考相关方可能会提出的所有让你担心、烦躁或愤怒的观点。做好规划，如果听到这些话，你要如何冷静有效地应对。在第六章中，我列出了“说服蓝图”中化解异议的话术。头脑风暴，列出所有你在下次会议上需要解决的问题，参考第六章中的化解异议五步法思考应对方式。

普尔尼马（Poornima）的故事

我有一位优秀的客户，名叫普尔尼马。她在一家大型 IT 公司工作。当时她参与竞标某些业务，我正好有幸与她共事。她知道潜在客户会向她提出一些颇有争议的问题。她也猜测潜在客户会很疲惫、很忙碌，所以提问时不会太过礼貌，这可能会让她感觉自己受到了威胁或压力。我们都知道，一旦自己被威胁、受压迫，即便我们是主题专家，也会支支吾吾、张口结舌、语无伦次。

所以，我们就制订了一个计划。普尔尼马头脑风暴出所有可能被问到的问题。她用第六章中的化解异议五步法写下了一些措辞惊艳且以听众为中心的回答。这些回答无不真诚、有说服力。她和同事练习回答这些问题。最后的结果当然是，他们成功赢得了业务。

试一试

你发现自己需要和他人探讨的争议性话题有哪些？气候变化？经济问题？领导力问题？业绩问题？提前思考出回答方式。用“说服蓝图”中的化解异议五步法（详见第六章）为你人生中必须研讨的紧迫且关键性问题撰写出简明扼要的论点。

练习腹式呼吸

你可能会想，呼吸不是再自然不过的事了。很遗憾，我们大多数人在面对压力时，进行的都是不健康的浅胸呼吸，而非用隔膜进行能改善氧气循环、使人平静的深腹呼吸。横膈膜位于肺部下方，是负责呼吸的主要肌肉。如何进行腹式呼吸呢？一起来看一下。

1. 将一只手放在胸腔上部的中间位置，另一只手放在腹部，胸腔正下方。

2. 慢慢用鼻子吸气，将呼吸引至腹部。腹部应鼓起抵住手掌，同时胸腔保持静止。

3. 呼气并收紧腹部肌肉，腹部回缩，同时胸腔保持静止。

腹式呼吸能充分调动胃部、腹部肌肉和隔膜。

诀窍在于，每次感到压力或担忧时，要有意识地进行腹式呼吸。你要练习在压力环境下自觉进行腹式呼吸。养成习惯后，就能一直保持下去了。如果腹式呼吸在你面临压力时能成为自然反应，你就能始终保持冷静自持了。

在职场中保持冷静能让你思维更清晰、决策更恰当，也会让人觉得你自控力强、更为可靠，是值得效仿的人。也就是说，人们觉得你是居高临下的雄鹰。

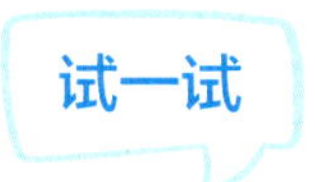

本节中讲解了几个有助于你冷静应对压力的技巧，选取一些，今天就开始练习。

优雅发言，不输气场

可信度高的人在发言时，能对答如流、从容不迫。很有趣的一点是，他们讲话的语速也要比正常语速快一点，就好像他们比普通人更聪明一点，因此思维速度更快一些。可信之人会给你留下深刻印象，让你觉得不论什么议题，他们都能快速反应。

以下是优雅发言的方法。

- 提前写好回答。
- 口齿清晰。
- 声音洪亮。
- 战术性停顿。
- 巧用语调。
- 摒弃惹人生厌的语言习惯。

我们来具体看一下每一点。

提前写好回答

可信之人不会胡言乱语。据说，身为科学家、发明家兼政治家的本杰明·富兰克林（Benjamin Franklin）就曾发表过这样一句至理名言："没有准备的人，就是在准备失败。"虽没有实质性的证据表明本杰明·富兰克林真的说过这句话，但其内容振聋发聩。反之亦然，如果能周密地规划，清楚自己的措辞能将相关方的想法转变为你所期望的内容，然后不断排练直至十拿九稳，那你就无懈可击了。

要想提高演讲的优雅度，你要先进行头脑风暴，然后写下所有你可能会探讨的问题。书写的过程能帮你厘清思路、构思完美的回答。我的一些客户会专门为此准备一个特别的笔记本。在即将召开的会议上，他们可能会被问及对某个问题的看法，因此在做准备时，他们会写下自己的想法，然后不断改进，使回答精练简洁、洞察力强，能流畅自如地被表达出来。

写作的过程也是另一种排练。

趣闻：罗纳德·里根（Ronald Regan）在传递精练简短、高效有力的信息方面是位专家。据说，他随身携带30多张备忘卡，上面写满了他觉得自己会讨论到的各种话题的要点。参加活动之前，他都会翻一翻卡片，找出最合适的开场白和回答。

口齿清晰

口齿清晰就是指吐字清楚、准确。正如美国企业家、作家兼励志演说家吉米·罗恩（Jim Rohn）所说："准确度造就可信度。"其实，讲话快的人可以着重强调话语的开头和结尾，这样你的表达就会清晰明了、干脆利落。

要想口齿清晰，先给唇部、牙齿、脸颊和舌头热个身，这样你在发音时就会干脆利落，不会磕磕绊绊。嘴唇呈亲吻状（嘟嘴）然后咧嘴笑（露出上下牙）、像马一样发出嘶鸣声，都可以给口齿热身。愉快地练习起来吧！你可以通过这些方式清晰利落地表达，以此进一步巩固个人可信度。

小秘诀：我的第一本书中有整整一章都是在讲如何让身体、思维和嗓音做好准备。详见《如何演讲：用制胜技巧呈现观点、影响他人的终极指南》。

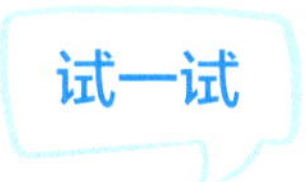

每天醒来，给唇部、牙齿、脸颊和舌头热热身，让这

个流程成为每日必备。你这一天的讲话想必会清晰不少。

声音洪亮

声音低沉、浑厚的人（无论男女），很容易被认为拥有权威和可信度。你的嗓音是单调还是有趣，这并不影响你的声调。说话音调的高低（你的音域）也和声调无关。声调其实是指嗓音的共振，是你在讲话时声音在面部共鸣腔中流畅地回响。听听那些读表演专业的人讲话，你就会发现，他们的声调浑厚洪亮。不过，不用担心，你也可以做到。有了洪亮的声音，你就自然提升了个人可信度。

打几个大哈欠就能拥有洪亮的声音。虽说父母教导我们打哈欠要有礼貌，但此时的你不用管礼貌问题，一定要把嘴张大，同时从喉咙后部发出一个类似“啊”的喉音，连续做5次。每天早上上班的路上（虽然还是不要在公共交通上练习了）、开重要会议之前或是任何闲暇时间，你都可以练习，因为这是个日积月累的过程。练习得越多，声音就会越浑厚。每打完5个哈欠，效果都会持续数小时。

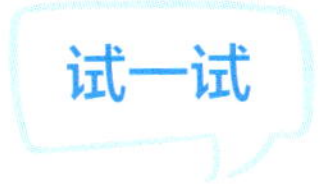

将打哈欠练习加入晨起嗓音热身活动中。

战术性停顿

能够保持沉默而非用无意义的闲聊填补空白，是居高临下的雄鹰的一大特质。大作家马克·吐温（Mark Twain）曾有句至理名言："恰如其分的停顿比任何言语都更有效。"停顿可以给相关方时间来回顾你所说的话。恰当的停顿能让你更有说服力。

巧用语调

以升调结束句子听起来像在提问。以降调结尾则感觉发言者更有自信。居高临下的雄鹰讲话时坚定自信，因此他们往往以降调结束句子。

摒弃惹人生厌的语言习惯

可信度高的人在发言时，会让你觉得他肯定就是专家，他表达信息的方式让人无懈可击。他们不会说“嗯”和“呃”，也不会用过分复杂的词。他们会认为你听清了他们的话，所以就不会再进行不必要的重复。因为这些好习惯，大家才会认同他们的观点。

要想彰显个人可信度，你就要做到以下几点来摒弃惹人生厌的语言习惯。

1. 讲话通俗易懂。

2. 不要重复。

3. 不要使用令人反感的词语。

讲话通俗易懂

一定要用恰当的词语构思句子。千万别用谁都听不懂的复杂词汇，也不要不小心说错词或发错音来企图显示自己的讲话很高级（除非你是故意为之，就想活跃气氛，让大家发笑）。说错词、发错音会让人觉得你太过刻意，令人反感。

澳大利亚的情景喜剧《凯斯和吉姆》中就出现过很多类似的经典桥段。主人公说了个自己都不懂的词，想让人觉得她很聪明（结果适得其反）。第一季中就有一集，吉姆（主角之一）在谈到她向往更好的生活时本意想说“富有”（affluent）这个词，但她用了自己都不懂的词，显得相当愚蠢。

不要重复

居高临下的雄鹰说话清晰简洁。他们对自己的知识和能力很自信，即便你并没有表现出积极聆听的样子，他们也会觉得你听到了他们所说的话。因此，他们鲜少进行不必要的重复。要想养成这个习惯，你就要把事情一次说清楚，不要误以为别人没听到，自己又重复一遍。

不要使用令人反感的词语

说服力强的人说话一向谨慎。我在第二章中提到过，说服他人时会有某些行为是让人生厌的。同样的，说服他人时，有些特定的词也是不该说的，否则就会影响表达的优雅度。令人困惑的词、令人反感的词、会让相关方与你争执的词以及会引发冲突的词，通通不要说。

在彰显个人可信度时，哪些词是你不该说的？下面是几个最常用的表达。说服他人时，遇到这些词，你可千万要三思而后言。

- “嗯”“啊”“所以”“像”。
- “抱歉”。
- “对于那些不认识我的人”。
- “请不要犹豫”。
- “感谢前来”或“谢谢您抽出宝贵的时间”。
- “成本”。

为什么不该说“嗯”“啊”“所以”“像”？

你的目标是说服力越强越好，所以就得摒弃“嗯”“啊”“所以”“像”这类的填充词。这类词暗示你对你接下来要说的内容并不确定、你没有组织好思路、你的思维有些分散。如果用到了这类填充词，对方就会觉得你没有那么聪明。

而且，有一些人就爱“计数”。他们会数你说了多少“嗯”或“啊”。以我的经验，这种人比你想得要多。所以我们就不要再用这些填充词，别累坏了这些爱“计数”的人，这样他们就能安心听你讲话了。

避免使用填充词的方式就是停顿片刻、腹式呼吸。停顿时不用说些没必要的话。停顿和呼吸可以让对方有时间静下心来回顾你刚才所讲的内容。给他们一点停顿能让他们更好地专注于你的整体信息。记住，停顿的力量异常强大。

小秘诀：如果你时不时就脱口而出这些填充词，那就别指望你在说服他人时会摒弃掉它们。所以，日常的交流中就不要去用它们，否则你在说服他人时还是会“嗯嗯啊啊”。

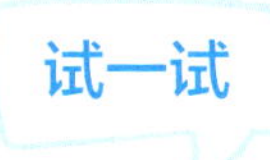

花时间留意一下你说话时会不会脱口而出这些填充词。如果是的话，那就努力用几周的时间去改掉这个毛病。

为什么不该说“抱歉”？

在我培训学员以最佳方式进行商业推介的时候，我发现很多人（甚至无意识间）会说“抱歉”这个词，哪怕五分钟的演讲都会说上五六次“抱歉”。很多时候他们抱歉的点，听众压根就没注意或不在乎。

问题就在于，我们往往在不用说抱歉的时候还要说抱歉，比如，问题非常小，或者对方压根不在乎的时候，也要说抱歉。例如，幻灯片放错了——抱歉，说错词了，或是结巴了一下——抱歉，没站稳绊倒了——还要抱歉。这些情况你压根就不用抱歉。

这个问题背后的原理是这样的。大脑中有一个神奇的部位，叫作网状激活系统（RAS）。本质上，网状激活系统就像信息的守门人。它追踪已知的和自己关心的信息，并过滤掉其他信息。你有没有买过一辆车然后发现路上到处都有这款车？同样的颜色，同样的型号，遍地都是。这就是网状激活系统留意的信息。

若某件事对你很重要，网状激活系统会突出显示那些能够帮到你的经历或事物。假设你要结婚，那么网状激活系统就会把环境中任何能帮助你完成这件人生大事的事物在你的脑海中凸显出来，你开始留意周围的花店或婚礼场地。明白我的意思了吗？网状激活系统会凸显一些事物，因为你的大脑觉得你会对它们感兴趣。

当你在商业推介或会议上说抱歉时，猜猜相关方的大脑开始搜寻起什么来了？没错，“抱歉”这个词如惊雷般让他们意识到出现了错误（严重到要抱歉的那种错误），于是，他们的大脑就开始追踪你将要犯下的所有错误。也就是说，一句“抱歉”成功让相关方开始留意起你即将要说错的话。

小秘诀：不要用“抱歉”来回答问题。很多人在会上或推介时没听清听众的提问，就直接说了句“抱歉”（就好像他们该为没听清问题而道歉一样）。这种情况也没必要道歉，而是应该说“能请您重复一遍您的问题吗？”。

当然，如果你真的做了冒犯他人的事，请一定要道歉。否则，你就没必要道歉，深呼吸，然后继续，对方压根都注意不到你犯了什么小错。

为什么不该说“对于那些不认识我的人”？

面对台下的听众，你在会上介绍自己时有这样一句不该说的话：“对于那些不认识我的人……”这句话是你在抢占先机介绍自己时常用的话术。但居高临下的雄鹰从来不会说这句话。他们也不想听到你说这句话。

这句话很有排斥性。潜台词是你只和不认识你的人讲话，而认识你的那些人则显得无关紧要。

要想给居高临下的雄鹰们留下深刻的印象，更好的方式是掌控全场，自信地说出自己的名字就可以了。例如：

- “大家早上好。我是米歇尔。”
- “很高兴见到各位。我是米歇尔。”
- “今天大家都在场真是太好了。我是米歇尔。”

知道你是米歇尔的人不会介意你介绍自己的，而不知道你姓名的人现在也知道了。

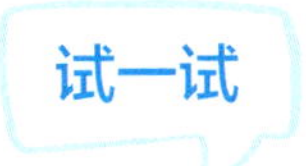

下次介绍自己的时候，记得不要用“对于那些不认识我的人……”，说出自己的名字就可以了。

为什么不该说“请不要犹豫”？

说话或写作的时候，还有一句话是不需要的：“请不要犹豫……”例如：“请不要犹豫给我留言”或“请不要犹豫与我联系”。为什么这句话不合适呢？我来举个例子。我说“不管你现在在做什么，请不要去想粉色的大象”，即便我说“不要去想”，你还是想到了粉色的大象，对吧？

当你说“请不要犹豫与我联系”或“请不要犹豫给我留言”时，听众听到的关键词就是“犹豫”，而不是“不要”。这就在不知不觉中传递了一条信息：你不想让他们给你留言，你不想同他们交流。

你可以变换一下，用更积极的方式去表达：

- “请给我留言。”

- “请联系我。”
- “需要帮助时请来找我。”

在表达上，你要积极主动、热情一些，要有说服力。

试一试

查看你在“工作时间外”的邮箱留言，听一听你设置的语音信箱。看看自己是不是说了“请不要犹豫给我留言”，如果是，就修改一下。

为什么不该说“感谢前来”或“谢谢您抽出宝贵的时间”？

会议开始和结束的时候，总会有很多人说“感谢前来”或“谢谢您抽出宝贵的时间”。如果你想让自己的说服风格更偏向居高临下的雄鹰，我建议你别说这种话。

你肯定会问：“为什么不说？”毕竟感谢他人前来是一种礼貌问题。确实，你没说错。感谢对方抽出宝贵的时间的确是礼貌、亲和力十足的行为。问题在于，在这种情况下说感谢会触发互惠法则——你帮了我个忙，我就欠你个人情。如果你出席了我的会议，我因此感谢你，那我就欠你个人情。当你对他人说“感谢前来”或“谢谢您抽出宝贵的时间”，或者你对客户说“非常感谢今天能有机会和您见面”，你就在暗示对方因为出席会议或抽出时间而帮了你的忙。于是互惠法则就被触发了，你就欠了他们人情。你将不得不努力工作，回馈他们今天出席会议的慷慨举动。

虽然对他人表达感谢是礼貌的行为，而且，在很多场合中表达感谢也的确是个不错的选择。不过，除非你想触发互惠法则，否则别说感谢。大大方方的就好了，说些同样敞亮、令人愉快的话术，就是别用“感谢”这两个字。

例如，你可以说：

- “见到你真是太好了。”
- “这场会议真棒。”
- “我们能一起讨论这项对你们团队至关重要的计划，真是太棒了。”
- “这次的机会真是不错，既能了解你们的需求，又能看看我能如何帮到你们。”

由此可见，上述的例子都没有触发互惠法则，因为这几种话术都在暗示双方共赢，没有哪方亏欠哪方。

小秘诀：同样，请把工作中幻灯片模板里最后一页的“谢谢”删掉。这句话没必要，还会传达错误信息。（参考第六章的内容。注意，你可以在“说服蓝图”的第 8 步说“今天很高兴和您交流”，不要说“谢谢”。）

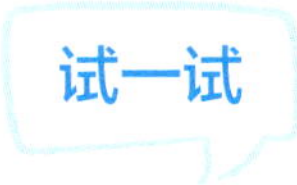

查看一下公司幻灯片模板，把最后一页的“谢谢”删掉。

下次你参加会议或重要对话时，提醒自己不要说“感谢”，提前想好替代话术。

为什么不该说“成本”？

众所周知，语言是有力量的。我们会根据自己的经历为词语赋予含义。你能判断出下面两个句子的区别吗？

- “成本高达……”
- “投资高达……”

例句二中的“投资”一词意味着你获得回报的概率很大，但例句一中的“成本”一词则有一种钱财有去无回的感觉。“成本”有一种花费和牺牲的意味。

说服他人的首要原则就是你必须坚信自己推销的东西是值得投资的（值得投入时间、精力、金钱）。如果连你自己都不信，那肯定没法说服别人。

我的继父汤姆（Tom）在我初入职场时就教导我不要说“成本”这个词，我真是记不清有多少次我的本意是“投资”，结果却被我说成了“成本”。这条举足轻重的小建议在过去的数十年间帮助我在提案和推介中营造出了积极的氛围。无论你想说时间、精力还是金钱，都不要用“成本”这个词。你要始终让相关方明白，自己会从中受益。

检查一下公司的提案，把投资表里的“成本”一词换成“投资”。思考在实际工作中还有哪些地方可以把“成本”换成“投资”？

加油打气，自信不疑

陷入自我怀疑、不想出错、不想无地自容，这些想法很正常。毕竟，谁也不想被人当成傻子，说服他人接受自己的宏图高见时更不想出丑。居高临下的雄鹰凭借其无可置疑的个人权威会对自己的能力和想法流露出天然的信心。他们总是为自己打气。

给自己打气并对自己和自己的想法充满信心是很有感染力的。我那活泼的女儿霍利曾提醒我说：“妈妈，情绪是会传染的。你的情绪值得传染吗？”她真是太可爱了。她说得很对。

给自己打气就是支持自己、相信自己。你清楚自己能够做到。居高临下的雄鹰对自己的实力非常有信心，因为他们知道自己经验丰富，是手头这份工作的最佳人选。他们满怀热忱、专心事业，表达观点时自信满满，从不逃避难题，也不会轻易让步，除非证据的确令人信服。居高临下的雄鹰会抓住与他人合作的机会，并为他钟爱的事业挥洒汗水，这都是他积累专业知识和技能的方式。因此，他们往往能春风满面地应对问题。

诀窍

米歇尔有言：

“居高临下的雄鹰对自己的实力非常有信心，也从不逃避难题。”

给自己打气的方法

你可以通过有意识地采取以下行动来提醒自己为什么别人应该听你发言，从而更好地支持自己。以下是几种给自己打气的方法。

记日记

记日记是个支持自己的好方法，通过记日记把自己的长处全都写下来。千万别害羞，全都写下来，然后每天自我表扬一番。还有一种方式就是用日记建立沟通自信，把自己对各种问题和挑战的想法（以及为什么这么想）写下来。写作可以厘清思路、完善观点。时机合适时，你就能更好地表达出自己的想法了。

收集称赞

建立一个文档或文件夹专门储存积极的记忆，包括他人对你的赞美和表扬。每当你缺乏信心的时候，就打开文档读一读，给你自己打打气。

记住：你是专家

尽己所能成为所在领域的专家，开辟自己的天地。努力了解所在领域的方方面面，然后有意识地为学到的知识和增长的经验奖励自己。重要的是要相信自己是这份工作的最佳人选、你的想法独具匠心、你的产品和服务首屈一指。如果你做成过，你就会以最积极的眼光去看待自己。你可能听说过，马尔科姆·格拉德威尔（Malcom Gladwell）曾有言，需要1万小时才能成为某个专业领域里出类拔萃的人。今天就开始攻克这1万小时的目标吧，这样你就能满怀自信地成为自己梦想的专家了。

应对冲突

在人生中，我们都会遇到反对的观点，它们试探着我们的底线、考验着我们的界限。如果有人想敷衍你或强迫你去做某件你不认可的事情，那就是时候展开你那对雄鹰的翅膀，用有效的方式应对冲突，形成共赢之局。

下面来看应对冲突五步法：

1. 陈述对方正在思考或提出的异议。
2. 说“和”或“所以”或停顿。
3. 用“其实”或“事实上”这类词让观点变得更有信服力。
4. 提供解决方案。
5. 用“因为”这个词。

详见第六章中的化解异议五步法。

吕德尔（Lydell）的故事

吕德尔是我的一位优秀客户。他聪明伶俐、经验丰富，思维富有创造力。他在事业上取得了开创性的胜利。

你知道为什么吗？他可知道。他不会像别人一样抱怨不休、言语刻薄或让同事和领导心生不悦。他就一个想法：自己能胜任这份工作。他清楚自己在做什么。他有多年的相关经验，是行业内的专家。他非常清楚自己的实力，而且总是为自己打气。吕德尔在会上讲话的时候总是充满自信，而且同事、供应商、团队成员和领导们都觉得他特有魅力、特有说服力。吕德尔真是无懈可击。

试一试

怎样才能让你意识到自己的长处从而更好地支持自己和你的观点呢？

试试记日记，写下你的长处。或者找一位你信任和尊敬的人，和他促膝长谈一番，探索一下自己的长处。享受这个过程。

讲述故事，引人入胜

故事能让我们在他人心中念念不忘。当你的主要目标是建立或加强个人可信度时，选取自己的故事以及过往的成功经历就显得十分重要了。其实，哈佛大学教授霍华德·加德纳

（Howard Gardner）就曾有言："故事是领导手上最强大的武器。"

居高临下的雄鹰用故事把看似枯燥的项目解析或任务解读转变为引人入胜、与相关方有关的内容，因此，人们觉得他们值得信赖。

怎样讲故事才能建立个人可信度呢？

讲好故事的模型有很多。我个人更喜欢的一种讲述难忘故事的方式就是用畅销书作家戴尔·卡耐基（Dale Carnegie）发明的"魔法公式"。

魔法公式，也被称为"IPB 模型"，包括以下三个步骤。

1. 事件。要把发生的事情简短有趣地讲出来。要连贯、生动，这样才不会让听众走神。任何事实都要有情感地表达。故事一定要引人入胜，这样听众才会更容易把它给复述出来。

2. 要点。你知道的，有的人讲故事的时候，就是一味在讲故事，你坐在台下心急得很：快说重点啊！是的，一定要尽快表达故事的要点，不要以为要点很明显。

3. 收获。这一步中，你要把故事和要点联系起来。你要为听众讲解故事的相关性，让他们知道为什么他们要听你讲这个故事。这一步甚至可以唤起行动，向听众表达你的诉求。

下面用魔法公式举个例子。

1. 事件。"我在某某公司任全国销售经理时，我们致力于确保所有员工都能因其滞后指标和销售商机转化率而获得回报。"

2. 要点。"这提高了业务忠诚度和专注度，减少了人员流失，使得销售额常常超出预期。”

3. 收获。“我们也应该推行这一体系。”

能看出这个故事增强了个人可信度吗？你现在很可能想让这位发言者推行这一体系，或是让他建议你如何采取行动。

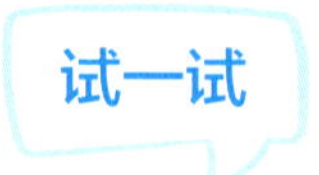

想出三个可以讲成故事的过往经历。如果你是企业老板或创始人，创业的故事就可以算一个——为什么创办你的企业？根据过往经历，用魔法公式构思故事内容，从而给你的潜在客户或相关方留下深刻的印象，让他们觉得你非常可信、不容置疑。

先找几位听众试讲一下，看看他们能不能产生共鸣。听取他们的反馈，改进故事内容，等最合适的时机一到，就把故事讲给对方听。

不负众望，超越期待

卓越的服务或超群的表达会令人难以忘怀。多付出一些可能会很辛苦，但当人们下次还需要产品、服务或建议时，他们就又会来找你。正如管理咨询大师兼畅销书作家汤姆·彼得斯（Tom Peters）所说：“低调承诺、超额完成，不仅能让客户满意，还能留住客户。”

超越期待是指你能在承诺的基础上超额完成。居高临下的雄鹰总是能超越期待。

超越期待的方法

汤姆·彼得斯的那句话表明，低调承诺、超额完成是超越期待的好方法。以下内容不仅会介绍这种方法，还会给出其他的建议供你参考。

低调承诺、超额完成

低调承诺、超额完成是指清楚自己能完成的工作量，但对他人承诺的工作量要比自己能完成的少一些。这样，如果你完成的工作量比承诺的多一点，相关方会很高兴，因为你超出了他们的预期。但这对于居高临下的雄鹰来说只是最低标准。我觉得更好的方式是高调承诺、超额完成。例如，你要在未来两周的工作日内写一份提案。你清楚自己在这周三就能写完交上去，那就承诺这周五交上去。当你提前两天交上提案（其实是比原定截止日期提前了整整一周零 2 天），你的潜在客户一定会对你刮目相看。这样你就传达出了一个信息：你总能超越预期。低调承诺、超额完成（或是高调承诺、超额完成更好）能够搭建信任，让人觉得你说到做到。你不仅说到做到，还能提前做到。

礼貌待人

礼貌是指举止彬彬有礼。有礼貌就会给人留下好印象，对方就更容易信任你、尊敬你。礼貌的举止往往能超出他人预期。礼貌能营造出尊重的工作环境，提振每个人的士气，这样大家就都能更积极，从而更高效。礼貌总是体现在细微之处。美国律师兼政治家亨利·克莱（Henry Clay）曾说："细微之处的礼貌，最能打动一颗满怀感恩的心。"

要想提高礼貌待人的技巧，就要尽可能尊重他人。在恰当的场合真诚使用"请"和"谢谢"这类词。一定要观察全局，只在合适的场合使用俚语。

小秘诀：释放你内心那头居高临下的雄鹰，让他人先进出门。如果你先到门口就帮人开门。不要卷入职场八卦。

对今天遇到的每个人都表现出礼貌，即便是开门、帮人按电梯、帮人捡东西这类的小事，我们都以礼待之。就从今天开始吧！

信守承诺

有没有哪位同事本来说好下班前给你回复邮件，结果没下文了。没收到邮件不说，人也直接走了。下次你再需要帮忙，你还会相信他口中承诺的交付日期吗？想必不会了。许下无法兑现（或不想兑现）的承诺会损害我们的个人可信度。信守承诺则会给你的诚信加分、巩固人际关系。

承诺是你保证完成某事，打破承诺的人就是在骗人。居高临下的雄鹰会信守诺言，人们都觉得他们值得信赖，他们便因此搭建了信任和个人可信度。

定期沟通

项目同事不向你沟通进展是不是很烦？有时我们就会怀疑他们是不是难以按期完成。我们甚至可能自己直接就把任务全完成了，结果之后却发现同事其实一直有在完成任务，现在你却干了重复的活。简直浪费了大家的时间。

那你邮箱里那些尚未回复的邮件呢？看着它们，你是什么感受？等人回复邮件才能完成自己的工作真是讨厌极了。

要想被视为是可信之人，最重要的一点就是定期沟通。

费莉西蒂（Felicity）的故事

费莉西蒂是一家大公司的区域竞标主管，她会定期竞标数亿美元的交易。费莉西蒂擅长定期进行积极主动、有来有往的沟通。一旦发现与团队或客户相关的东西，她就会立刻分享给他们。客户联系她时，她总能快速回复。她真的出类拔萃。确实，她所在的公司擅长提供有价值的技术，但若是没有费莉西蒂在竞标环节的出色表现，他们不会赢得这么多笔订单。费莉西蒂和她的个人可信度在竞标团队的说服环节起到了重要作用。

定期与人沟通也会让人觉得你很专注、忠诚、有实力。这不仅能提高团队整体的士气和效率，还能让更多相关者感受到你的个人可信度。

努力做到尽快回复他人，即便是要告诉他们你尚未准备好恰当的回复，也要先回复一下。

持续跟进

从小到大，我母亲芭芭拉（Barbara）总会让我哥哥和我向送我们礼物的人写感谢卡。因此，我很擅长向他人表达感谢，并在会议后跟进。这是我有别于其他对手的说服性行为之一。你知道吗？人们总会把我的感谢卡、礼物和我的跟进内容发布在社交媒体上，因为他们收到的时候特别惊讶、特别高兴。这不过是件小事，却能对一个人的说服力产生巨大的影响。

多亏了我母亲，我也特别擅长在约定或预期的截止日期前跟进事项。每次我去跟进，大家都知道我在忙这件事，知道我很关注他们。我经常超出他人的预期，人们总说："天哪！非常感谢你的快速回复！"一个小小的举动就能让他们惊叹、欣慰且印象深刻。

跟进是巩固人际关系的可取之道，它也能表明你在考虑相关方及其需求。不跟进的话，人们可能就会误认为你去忙别的事了或者不再关心共同目标、项目或团队了。所以，没有理由不跟进。

小秘诀：如果你比较健忘，总想不起来跟进事项，那就设置个提醒，强迫自己和他人保持联系。

试一试

下次再收到任务，先和对方设定一个合理的截止时间，然后一定要超越预期完成任务。定期沟通、表现礼貌，提前完成任务。这会让大家知道你值得信赖，从而助你建立个人可信度。

记住：多数人不擅长超越预期完成任务。如果你能做到，你就会脱颖而出，而且你自己也会感觉很好。付出绝对值得。冲吧！让大家对你刮目相看！

关于个人可信度，我还有一言

记住：我们都是不同类型的结合体，差别仅在于大家对每个类型的偏好程度不同。不管个人权威是不是你的强项，阅读本章后，你都可以从现在开始着手实践这些好的建议，从而培养自己内心那只居高临下的雄鹰。有的建议比较简单，容易上手；有的则要花些精力。

在大多数的说服性场合，相关方期待的就是你能展现出个人权威。你要始终按照本章中的建议行事，不仅仅是在重要会议、规划或商业推介会等特定的说服性场合中。记住：你没法不去影响他人。用个人权威提高你在生活中的整体说服力，机会近在眼前。

划重点

居高临下的雄鹰

- 个人权威能让他人信任你、尊敬你。
- 你之所以拥有个人权威，是因为你就是所在领域的行家里手，此前就累积了丰富经验，因此，人们都觉得你值得被信任。
- 以下方法可以帮助你建立个人权威。

  1. 通过争取机会积累工作经验、寻觅良师、力学不倦、广泛阅读，以及获得相关资质来成为所在领域的行家里手。

  2. 表露实力，切莫谦虚。在你的邮件签名和社交媒体资料页放上你的资质、展示你的成就和奖项、亮出客户的荐言，以及巧用过往的成功实例，说明你在其中起到的作用，并使用可信的词汇。

  3. 通过各种活动提高个人形象，包括参加公司活动、出席播客活动、制作视频博客等。

  4. 通过培养真实、如一、正直、可靠、可用这五种品质使自己值得被信赖。

5. 精进电梯演讲技能，等到下次再遇到这个不可回避的问题“你是做什么的？”时，你就可以给出简短清晰、掷地有声的回答，从而在人群中脱颖而出。

6. 保持冷静！冥想，提前规划应对方式，进行腹式呼吸，冷静沉着面对压力。

7. 摒弃填充词，讲话通俗易懂，避免重复，不断排练，提前备好回答，口齿清晰，这些都能让你优雅发言。

8. 给自己打气！采取行动提醒自己为什么你才是行业内的专家、为什么别人应该听你发言。

9. 讲述引人入胜的故事，进一步强化你在相关方心中的个人权威。

10. 低调承诺、超额完成、礼貌待人、信守承诺、定期沟通、持续跟进，这些都能让你超越预期，不负众望。

- 记住：我们都是不同类型的结合体。在大多数的说服性场合，相关方期待的就是你能展现出个人权威，这样他们才能相信你，所以用个人权威提高生活中的整体说服力吧。

第八章 类型三：彬彬有礼的鹦鹉

看来，你想增进自己彬彬有礼的鹦鹉这一类型的说服技能。或许这个类型并非你的强项，或许你时常要去说服的人，比如经理、团队成员和家庭成员，他们的主导类型就是彬彬有礼的鹦鹉，你想以最适合他们的方式去说服他们，又或许，彬彬有礼的鹦鹉就是你的强项，但你想通过建立良好关系来增强自己的说服力。巴西的一句谚语或许你会喜欢："善行会缩短漫漫长路。"

彬彬有礼的鹦鹉是以魅力度为说服偏好的类型，之所以用彬彬有礼来形容他们，是因为他们亲切又体贴，能与他人自然而然地建立良好关系。本章内容旨在帮助大家成为彬彬有礼的鹦鹉。首先，让我们来看看与人为善为何如此重要。

说服他人时为何要与人为善？

与人为善便是友善待人、乐于合作。与人为善在说服他人时之所以重要，是因为善意的表达能给人留下良好的印象，从而增大他人被你说服的概率。与人为善是积极良好、不断发展的人际关系的基础，既能确保你个人的成功，又能促成潜在客户和相关方的成功。与人为善会触发影响力原则中的互惠原则，即接受帮助的人会下意识地觉得自己该回馈些什么。

建立良好关系

如果你想释放自己内心中那只彬彬有礼的鹦鹉、与人为善，你可以通过以下 10 个行为来激发并提升自己的善意。

1. 了解自己，接纳自己。
2. 接纳他人。
3. 讨人喜欢。
4. 蔼然可亲。
5. 和睦相处。
6. 让人心旷神怡。
7. 乐于助人。
8. 密切联系。
9. 积极倾听。
10. 摒弃那些破坏善意的词语。

本章接下来的部分将详细介绍上述每一点，助你养成这些新习惯。

了解自己，接纳自己

与人为善的第一步就是了解自己、接纳自己。早在 18 世纪，经济学家亚当 · 斯密就指出：“人首先要了解的就是自己。

一个了解自己的男人会超脱自我，从旁观者的角度去观察自己的反应。”抛开这句话中的性别偏见不谈，我们确实应该认识到自己的独一无二，并接纳自己的个性和观点。了解自己、爱自己，都会赋予你内在自信，让你在说服过程中彰显真实的自我。忠于自己，才能对你所做的选择和你所采取的行动感到满意，他人也会更信任你。

除了了解自己，接纳真实的自我也同样重要。舒舒服服做自己对你的整体健康和幸福都有极大的好处。接纳自我能增强你内在的自信心，而这份强大的自信又能吸引他人。当你接纳自己并知道让你幸福的事情有哪些（多做这些令你幸福的事），你的幸福感就能感染到他人。当你明白真实的自己以及你的立场，你就更容易和他人建立有意义的联系，因为你可以在他人对你青睐的特质上下功夫，从而增强你的亲和力。

花些心思接纳自己

以下几点建议可以帮助你认识真实的自己。

每天记日记

日记可以帮助你定义自我，在纷繁复杂的世间巩固你的个性。选一本赏心悦目、令你开怀的日记本，每天记上 5~20 分钟，将脑海中的全部思绪落在纸上。这样做的目的是将你的思绪从脑海转移到日记本上，这样你就能更好地理解自己对生活中任何事情的想法和感受了。你不用像写文章一样精心构思或是反复修改，让你的思绪自由流动就好。正如英国诗人兼作家威廉·华兹华斯（William Wordsworth）所说：“让纸上填满你心的呼吸。”

锁定你的长处和短处

你还可以利用日记找出自己的长处和短处。你喜欢什么？不喜欢什么？为什么不喜欢？你擅长什么？不擅长什么？你的长处有哪些？短处有哪些？为什么他人会喜欢你？不喜欢你的人又是出于什么原因？（这个问题要尽量做到诚实回答）你最喜欢的东西有哪些？最不喜欢的东西又有哪些？什么能让你快乐？什么会让你难过？

你要更好地了解他人在你身边时的所见、所感，从而让你更容易在他人青睐的品质上下功夫，同时弱化他人不喜欢的特质。

不如现在就找出自己的长处和短处吧！在日记上列出两栏：一栏写出自己所有的长处，另一栏写出自己所有的短处。以下问题可以帮你在动笔前组织思路：

- 我擅长什么？
- 做什么事能让我乐此不疲？为什么？
- 我的爱好有哪些？我最喜欢的食物、颜色和人都有哪些？
- 他人会因何而夸赞我？
- 什么会让我开心？

- 我不擅长什么？
- 我在哪些方面需要他人的帮助？
- 什么活动会让我非常疲惫或难过？为什么？

埃迪（Eddie）的故事

埃迪是个很讨喜的人，但他并不擅长察言观色。他在演讲时声音往往过大，眼神交流也不到位。他的演讲往往以灌输而非交流为主。这些特点让他在讲故事或与人结交的时候很难令人信服、有点让人反感。埃迪本人却并未意识到自己的言行举止让人多反感。

我建议他找几个他觉得聊得来的朋友，问问他们，在他们看来，自己招人喜欢的特点有哪些、惹人反感的特点又有哪些。这是一种对抗性训练，并不适用于每个人，但好消息是，埃迪的人生因此而改变。他知道了自己该发扬哪些品质又该弱化哪些特点，之后就能以更好的姿态展现出最优秀的自我，与人建立起牢固的关系。埃迪还是那个埃迪，只不过相比过去，现在的他正处于最好的状态。他没有耽于过去、频频回首。据他所言，现在的他要快乐得多。

静坐沉思

如今，忙碌的生活让静坐变得奢侈。每天花上 5~20 分钟专门用来静坐沉思是一个不错的选择。我会坐在自家后院的椅子上观察周围的环境。我会倾听鸟鸣，感受风吹树叶，闻花朵芬芳。有时，我还会躺在院子里仰望飘浮的云朵。我尽力让自己不去思考特定的事情，而是让思想自在游走。如果你并不喜欢无所事事，那你可以把这个活动换成冥想。

我的很多标新立异、别出心裁的想法都是在静坐的时候或是在静坐之后迸发出来的。静坐沉思能让你清楚自己对人生的态度，帮你更好地与他人建立联系。

知道让你开心的事情有哪些，然后放手去做

什么事情会让你开心、幸福？是跑步，是合唱，是钻研汽车，还是救助动物？找出真正让你开怀的事情，然后放手去做，多多去做。

小秘诀：你越开心，就越有人愿意和你相处，你就能建立更多良好的人际关系。

你的决定要与价值观和信仰相符

做决定时，要倾听你内心的声音、了解他人的需求。你的信仰很重要，你要坦然接受这一点。深思熟虑，知晓后果，你就会自信满满地做出自认为最好的选择。

接纳脆弱、坦诚待人

脆弱并不能说明你很容易被击垮。脆弱其实是勇敢的体现，是对自己的情感负责的象征。脆弱性研究教授布琳·布朗（Brené Brown）就认为：“勇气始于展现自己，让他人注意到我们的存在。”

彬彬有礼的鹦鹉在接受真实的自己、接纳自己的情感时，

会培养出强大的善意，同时，他们还能在不同的交际场合向人敞开心扉。

小秘诀：在向他人袒露想法与情感时，也要注意自己的言行举止对他人产生的影响。

试一试

开始做一些让你快乐的事吧。加入社团也好，上课也好，散步也好——只要是能让你开心愉悦的事情，都可以。做快乐的事也会让你把快乐传递给他人。

如果你的自我价值感总是很低，那你也很难与人建立起融洽良好的关系。自我价值低下会让你错误地认为他人总是比你强，从而让你觉得与他人相处时并不值得。如果你感到恐惧，自然就不能有效说服他人。但彬彬有礼的鹦鹉们知道自己是有价值的。

相信自己的价值是建立良好关系、说服他人的重要基础。你是值得的，你能够说服他人，你也能够为你和你的潜在客户或相关方打造双赢的局面。我相信你！现在，你也该相信你自己。你可以做到的！

米歇尔有言：

“相信自己的价值是建立良好关系、说服他人的重要基础。”

接纳他人

人生一大美事便是被他人接纳。乔治·奥威尔（George Orwell）就曾说过：“唯有被人接纳，才能收获幸福。”的确，让他人看到真实的自己、并被无条件接纳着实是一种特别的体验。被人接纳会赋予你快乐、平静与安宁的感觉。接纳他人能让所有人团结在一起。而且，同样重要的是，接纳也是建立融洽关系的基础。你若不接纳我，那我肯定会觉得你不喜欢我。如果他人感到被你真诚地接纳了，他们就更容易被你说服。

努力接纳他人

如果你想接纳更多的人，就要学会容忍。容忍便是拥有开阔的心胸、开明的思想和充分的耐心——这是彬彬有礼的鹦鹉们一定会具备的三个品质。

如何培养耐心、接纳他人的品质呢？你可以参考下面的方法。

不要评头论足

认真倾听，不要急于下结论。相信你看到的他们就是真实的他们，给予对方充分的信任。如果一个人天生不擅长与人为善，那么预先妄加判断就是大错特错。尽量不要以貌取人。如果你把每个人都当成值得相处的人，你就会发现他们会适时挺身而出。在商业上，他们很可能成为你最有价值的客户或同盟。

姿态要做足

如果你把久不联络的朋友当成失散已久的莫逆之交，以这样的姿态去联络他们，他们就会很积极地回应你。这就是影响力的一个基本事实，即如果对方认为你对彼此的关系很认真，那么对方也往往会以同样的方式去回应你。扪心自问，你是否需要改变一下与同事、经理或客户的交往方式。

记住：人的行为不能体现他的本性

谨记这一点：虽然有的人行为可怖，但并不能说明他本人很可怖。可怕的只是他的行为，而非他的本性。也许他们的行为是当下最合适的选择。

霍利（Holly）的故事

我女儿霍利最偏好的说服类型就是彬彬有礼的鹦鹉——她天生真诚、亲和力十足。多年来，霍利一直在一家大型百货公司的著名化妆品柜台担任美妆师。你看，她是不是得和各种类型、各种情绪的人打交道？

一天，有位女士来霍利的柜台化妆。在整个化妆过程的前半段，这位女士对霍利暴躁无理、蛮横任性。虽然霍利也觉得她的言行很伤人、很无理取闹，但身为彬彬有礼的鹦鹉，她天生就会对所有人表露善意和同情。所以霍利忍受了她的蛮横无理——长达30分钟！然后，她的容忍度达到了极限。这我们都能理解。

她在忍无可忍、难过透顶之际，并没有在言语上反击这位女士，而是做了一个令人赞叹的决定：她询问这位女士是否安好。结果你猜怎么着？这位女士面露惊惧之色，泪水喷涌而出。她说："今天上午对你这么粗鲁我真的很抱歉。我要去参加我父亲的葬礼，所以我才来这儿化妆。我就是太难过了，才把气撒在你身上，真的太抱歉了。请你一定要原谅我。"记住：人的行为不能体现他的本性。

我也理解，没有多少人能容忍到这种程度。但如果你能做到，你就更容易接纳他人，从而与对方建立融洽的关系。

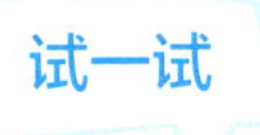

想想你最近一直在评判的一些人。释放你内心彬彬有礼的鹦鹉，在脑海中重塑他们的形象和言行。对他们更友好、更包容一些。就从今天开始吧！

讨人喜欢

事实上，讨人喜欢的人才能走得最远。即便你不是最聪明的，也不是最有经验的，但只要你是最讨人喜欢的，往往最有说服力的就是你。相反，不讨人喜欢的人会惹人厌烦。他们会破坏愉快的氛围，让人感觉不舒服，感到被审视、评判，甚至会感到畏惧和恐慌。

增加自己受欢迎的程度

在我与客户进行的一项调查中，我发现大家最讨厌的行为就是仪容不得体、扼杀乐趣，忽视他人或对他人评头论足。

想要增加自己的受欢迎度，方法有很多。我们来看看五个简单的方法。

变好看

这个事实或许不中听，但好看的人真的会比“平平无奇”的人在人生中得到更多的机会。你知道吗？漂亮女性的净值要比长相普通的女性高出 11 倍。一般来说，有吸引力的人能多赚 12%。长相漂亮的人更容易接到面试邀约，也更容易被录用，职场晋升速度也会更快一些。商业心理学家托马斯·查莫洛–普雷姆兹克（Tomas Chamorro-Premuzic）在 2019 年的一份报告中指出，不符合社会主流审美标准的人，无法获得与符合主流审美的人同样的人生机遇。哈佛大学心理学家兼研究员南西·L. 艾科夫（Nancy L. Etcoff）和她的同事们在 2022 年发表的一项研究发现，化妆打扮的女性要比素颜的女性看起来更好看、更有能力、更讨人喜欢，也更值得信任。这不容辩驳吧。

不过好消息是，“好看”与你天生的容貌无关。不论你长相如何，你都能充分利用自己的品质和特点。

不用为变好看一掷千金，问问自己以下几个问题：

- 你的发型是否适合你的脸型？你有好好打理吗？你很时髦吗？
- 你会让自己保持干净整洁吗？
- 你的穿着适合你的身材吗？
- 鼻毛和耳毛修剪了吗？
- 胡子修了吗？
- 没有难闻的体味吧？
- 牙齿干净吗？
- 指甲修了吗？
- 鞋子干净吗？衣服洗了吗？熨了吗？有污渍、残留、褶皱吗？
- 衬衫塞到裤子里了吗？

你或许会觉得，这也太小题大做了，关别人什么事。这么想你就错了。说服他人的时候，这些都很重要。

微笑

微笑是制胜法宝，是国际公认的积极象征。畅销书《如何赢得友谊及影响他人》的作者戴尔·卡耐基（Dale Carnegie）深谙其道，他表示：“微笑让获者受益、施者无损。”

你知道小婴儿天生就会微笑吗？他人会觉得经常微笑的人非常自信、阳光、有吸引力。经常微笑会让你显年轻，因为微笑会影响面部肌肉。微笑还会释放内啡肽和其他让你放松、愉悦的化学物质，从而有益于你的健康。微笑还能让你令人难忘。不出所料，美国美容牙科学会的一项研究就发现，人们更有可能记住你的微笑，而非你说的第一句话。2010 年发表的一篇瑞典研究也发现，微笑很有感染力，还会引起所谓的积极循环——你对他人微笑，他人也会对你微笑，然后你就会微笑更多。1929 年路易斯·阿姆斯特朗（Louis Armstrong）唱火的那首《当你微笑时》，其中的歌词就写道："当你微笑时，整个世界都会和你一起微笑。"

小秘诀：说服他人时的一个绝佳策略便是不仅要微笑还要用眼睛微笑。这是超模泰拉·班克斯（Tyra Banks）独创的术语。微笑的方式有 50 多种，但人们觉得最真诚的就是用眼睛微笑——让眼睛充满笑意，你的眼神就会有光，你看起来就是发自内心的快乐。

安德鲁（Andrew）的故事

我有一位很棒的客户，名叫安德鲁，他简直是用眼睛微笑的大师。他这位彬彬有礼的鹦鹉太会用眼睛微笑了。他特别讨人喜欢。只要有他在身边，家里人或是同事都会感觉特别好。我曾观察过安德鲁和同事们在一起时的样子（甚至是在高压的推介场合），只要在他周围，人人都会有更多的微笑。你难道就不想做那个让他人感觉心神畅快、笑口常开的人吗？猜猜怎么着？微笑让他更有说服力。大家都太喜欢他了，都愿意为他做些什么。我也有同样的感觉。和安德鲁共处时，我总是很开心。

决窍

米歇尔有言：

“微笑会释放内啡肽和其他让你放松、愉悦的化学物质，从而有益于你的健康。微笑还能让你令人难忘。”

试一试

对着镜子练习用眼睛微笑，然后再做一个只动嘴、不真诚的假微笑，对比一下二者。劝诫自己多多用眼睛微笑。

开怀大笑

彬彬有礼的鹦鹉知道，开怀大笑是建立融洽关系的好办法，因为妙趣横生的交流不仅能激发人的好心情，还能建立人与人之间积极的情感联系。你或许也知道，幽默感是人们寻找人生伴侣的首要条件之一，因为开怀大笑的人更容易卸下心防、从容处事、释放压抑。幽默的人很受欢迎。人们都觉得能开怀大笑的人有趣、轻松、幽默。谁不想和这种人相处呢？

戳中双方的幽默点还能让你的谈判更高效，帮你解决冲突、推动进程。其实，在艰难时刻，开怀大笑可以团结众人。丹麦籍美国喜剧演员维托·埔柱（Victor Borge）就说过这样一句话："笑是人与人之间最短的距离。"你应多结交幽默风趣的人，每天都看看有趣的事、读读有趣的书。

露出双手

露出双手是安全感的象征——身边的人没那么可怕。不论你是站着还是坐着，肩膀与他人对齐、让他人看到你露出双手能表明你很感兴趣，想加入对话。若是转过身、扭着身子或是把手藏起来，就会给人不感兴趣或不认同的感觉。

如果你想赢得信任，手部的很多动作都不要做。例如，双臂不要交叠，双手不要插兜，不要抓着裤子，双手不要背在后面，不要把指尖相抵成塔尖的形状，别摸脸摸头发，也别摆弄戒指或是衣服。这些惹人分神的手部动作很难让相关方认真倾听。他们甚至会开始不信任你。在第九章（引人入胜的孔雀）中，你会阅读到更多说服性沟通时的制胜仪表和姿态。

倾听

畅销书《高效能人士的七个习惯》（*The 7 Habits of Highly Effective People*）的作者史蒂芬·柯维（Stephen Covey）曾有一句至理名言："大部分人都不是为了理解而倾听，而是为了回应而倾听。"你在讲话的时候别人也在讲，甚至盖过了你的声音，你会不会很反感？这么做就表明对方压根不重视你讲的内容。这就会破坏双方融洽关系，阻碍善意的形成。所以别人在讲话时，你要尽力认真倾听。在表达自己的观点前，可以先稍作停顿。

做到被所有人喜欢的确不现实，但尽可能让自己被更多人喜欢确实是个崇高而美妙的目标。今天你能做些什么来让更多人喜欢你呢？

蔼然可亲

想要与人建立友善关系，温暖是必不可少的。美国忠告专栏作家兼媒体名人埃斯特·莱德尔（Esther Lederer）[其笔名安·兰德斯（Ann Landers）更为人所知]曾有言："温暖、善意与友谊是世界上最让人望眼欲穿的商品。"

温暖待人、蔼然可亲是一大魅力，也是彬彬有礼的鹦鹉的优秀品质。它能让人感觉到你在关心、接纳他人，而非面露冷色、漠然置之。彬彬有礼的鹦鹉待人亲和，让人轻松自在、宾至如归，对方会觉得自己举足轻重、非同小可。他人也因此会被彬彬有礼的鹦鹉深深吸引，愿意和他们相处。

人们想和值得信任，给人以温暖、安全感和关注度的人相处。蔼然可亲可以搭建信任，促成坦诚的沟通。我曾亲眼见证，职场温暖与否，决定了人们到底是乐于给予支持、富有创造力，还是孤独疏离、钩心斗角。

展现温暖

提升魅力之时，可千万不要使用诡计假装自己关心他人。你应该留意身边的各种微观暗示（包括环境暗示和相关方的提示），从而建立情景意识、改变行为方式，做到真正关心他人。

一定要让你发自内心的关心从眼神和面部表情中流露出来，以此来大大提高你的温暖与善意。关心他人，记住他们的关键事实。以莫逆之交的姿态对待他人，给予他人深切的关怀并善待他人。善良便是友善、慷慨、体贴、关照和暖心。善良会让人心生安全感和慰藉，还能促使双方建立融洽关系。谁善良，谁就更容易被信任。

诀窍

米歇尔有言：

“以莫逆之交的姿态对待他人，给予他人深切的关怀。”

经常练习以下几点可以帮你展现温暖：

- 宾至如归、热情好客。
- 与他人进行礼貌沟通。
- 真心实意对他人感兴趣。
- 容许自己适当真情流露、善待他人。
- 允许自己适时袒露职场情绪。
- 让他人感到你接纳了他们真实的自己。

趣闻：《魅力学》的作者奥丽薇亚·福克斯·卡本尼（Olivia

Fox Cabane）曾说："想象一位让你感到温暖、你很喜欢的人，这能改变你身体的化学反应，从而让你也展现出同样的温暖特质、成为有魅力的人。"如果你并非生来就是彬彬有礼的鹦鹉，或者你对他人并不热情，这或许能帮到你。

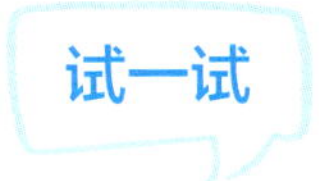

下次工作会议之前，先想想参会人员。其中有没有谁和你有过小冲突或是小分歧？面对他们时，要面露善意，不要漠然置之、冷眼相对。

诚然，温暖待人和若即若离之间还是有区别的。要记住：你的目标是实现双赢之局，要保证自己在交流过后不内疚、不后悔。

小秘诀：温暖热情的人不用抛弃或损害自己的价值观就可以让人心神愉悦。在善待他人的同时，他们还相信自己的观点，做事干脆果断。

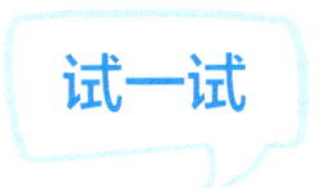

花时间思考一下，你在温暖待人和若即若离的时候有哪些区别。把该多做的行为列出来，少做的行为也列出

来，以此向他人展现温暖。

和睦相处

与他人相处和睦融洽，对方就会感觉和你有着强烈的情感联系，他们会觉得你在乎他们，从而对你青睐有加。也许你听过美国前总统西奥多·罗斯福（Theodore Roosevelt）说过的话:“在人们知道你有多在意之前，他们是不会在意你知道多少的。”

融洽意指你与相关方之间建立了亲密、和谐的关系。他人若觉得和你相处舒服自在，你们就处于一段和睦融洽的关系之中。双方和睦相处，彼此之间就会产生共鸣和同理心，从而实现有效互惠的沟通。彬彬有礼的鹦鹉可是和睦相处界的中流砥柱。

我做演讲技能培训师这些年，经常听到人们说，“领导力不是人气竞赛”或者“我又不是来讨好他们的”或者“我是经理，不是他们的朋友”。这些话语完全低估了和睦相处在沟通和说服中的重要性。试想一下，如果你特别擅长与人和睦相处，你和相关方彼此信任、实现共赢，那等你当上领导，局面得多好啊。

关系融洽非常重要，因为它能建立你与他人之间的联系，提高你的受欢迎度。一旦人们感觉你在乎他们，你就更有可能说服他们。作为励志演说家兼培训师的安东尼·罗宾（Anthony

Robbins）曾有句至理名言：

> 与人共赢的终极秘诀就是和睦相处。不论你在人生中想要什么，如果能和对的人建立融洽关系、和睦相处，你就能满足他们的所需，而他们也能满足你的所需。

说服他人时，你与他人和睦相处的能力就显得不可或缺了。你或许注意到了，和相像的人建立融洽关系最为容易。常言道，人以群分。难怪你和朋友看起来有些相似呢。而且，我个人认为，或许这就是有些宠物和主人相像的原因吧。

趣闻：科学证明，宠物犬和主人长得像。日本关西学院大学的中岛定彦（Sahahiko Nakajima）教授表示，其 2009 年的实验证据支持主人和宠物犬长相相似的论断。这完全是因为我们会对相似的事物感到亲切。我们会喜欢与我们有着相似特征的（性格也好、发色发型也好，甚至眼型）宠物犬。

因此，虽然我们喜欢和自己相像的人（和宠物），但你也会痛苦地意识到，我们很难和与自己不相像的人建立融洽关系。

我们没法和所有人和睦相处，而这会影响到我们的说服力。

诀窍

米歇尔有言：

“说服他人时，你与他人和睦相处的能力就显得不可或缺了。”

你能不能轻轻松松就和他人建立融洽关系、产生联系呢？建立融洽关系并不复杂，但有时也绝非易事。

建立融洽关系

很遗憾，我们不可能一辈子都去说服和我们一模一样的人。真实情况是，你要说服的人往往和你大相径庭，你跟他也没那么合拍，两个人一点联系都没有。即便你天生就能和相像的人和睦相处，那面对不相像的人又当如何处理呢？答案当然就是，你得制造融洽关系。你得尽可能多地有意识地尝试下方的建议。

表露兴趣

对他人的生活和健康表露兴趣会让对方觉得自己举足轻重，也能帮助他们建立自尊心。表露兴趣的最好方法有：

- 提出很多合适的问题。
- 在对方回答时认真倾听。
- 最重要的是，记住他们的回答。

比如，你了解到某人的女儿在修生态学，记住这个细节，等合适的时机出现，一定要问一下她“生态学”的学习进度。

了解一个人时一定要多元化，不要死守着一两个主题，因为我们都是全面发展的人，都有着多种不同的兴趣和维度。比如，你会了解某人的爱好和兴趣、职业目标，甚至他的几位好友。如果你想结交的这个人不想透露，那他或许并非最佳的结交人选。你若对某人感兴趣，他往往会积极回应，这对搭建善意、提升说服力都很有好处。

友善待人

友善待人更容易建立积极的人际关系。友善待人，平易近人，大家就更愿意相信你。如果你想更友善一些，就要表现出你很高兴见到他们，你要微笑、要主动问候他人、要亲切友好，不要妄加评判，要让人心神愉悦。

彰显同理心

医生兼精神治疗师阿尔弗雷德·阿德勒（Alfred Adler）有言：“同理心就是用对方的眼睛观察，用对方的耳朵倾听，用对方的心灵感受。”我们不是特别喜欢被人注意到、被人倾听心声吗？阿尔弗雷德的话就表明，当你能读懂对方的情感和思想，并做出相应的反应时，你就拥有了同理心。它是融洽关系和善意的必备要素。

确保自己拥有同理心的最佳方式是积极倾听，并回应对方的面部表情、声音变化、肢体语言和任何其他情感暗示（无论积极或消极）。做出相同的反应也没关系。

例如，南希的身上发生过很可怕的事情，她在同你倾诉时面露苦色，仿佛下一秒就要落下眼泪。为表现出同理心，你可能会说：“哦，南希，这对你来说一定很糟糕。”重点是，富有同理心的人不会评判他人，也不会尝试解决问题，他们只是倾听，用关怀和同情来回应。当然，还要记住，你不必回应对方所有的情感暗示。他人对你敞开心扉时，你一定要保持镇定。面露惊恐、百无聊赖或是表现出想要逃离这场尴尬的对话都会非常令人反感，从而破坏二人间的融洽关系。

再举个例子，马迪跟你说：“我太高兴了！我能和乔治娅一起去公路旅行了。”这种情况下，你可以面带微笑，看着马迪的眼睛，以同样兴奋的表情回复道：“是呀！真替你高兴！”

发自内心的热情

你不用做得太过火，只要兴趣盎然并真诚表达就好。若是对方有大好事发生，彬彬有礼的鹦鹉会真心实意为对方高兴的。

找到共同点

很多研究表明，我们会喜欢与我们相似的人，越相似，就越有共同点，就越容易被说服。唐·伯恩（Donn Byrne）是最早研究感知相似性或共同点如何影响人际关系的一位心理学家。他在 1961 年的研究就发现，大多数人都需要在人生中找寻确定性，因此，我们往往更喜欢能支持并强化这一确定性的价值观和观点。

也就是说，如果对方和我们相似——他们认同我们的观点、认可我们的态度，我们就更有可能在这种相似性中找到安全感。反之，若对方与我们不同，不认可我们的观点，这就往往会让我们滋生焦虑、困惑等消极情绪，破坏双方的融洽关系，很有可能会把我们排除在富有成效的人际关系之外。

做好以下这两件事，你就能找到共同点。

1. 自我表露。当你透露一些自己的小细节时，你就打开了关系的大门，同时也能鼓励对方分享自己。以这种方式，你就可以了解他人，找到双方的共同点。

2. 闲聊。闲聊就是无伤大雅的泛泛而谈——闲来无趣，谈些无关紧要的事。虽然闲谈维护不了世界和平，但它的确可以为你在日后更重要的事情上进行更为称心、更为深入的对话奠定基础。如果你的偏好类型不是彬彬有礼的鹦鹉，闲谈对你来说可能并非易事。很多聪明睿达的猫头鹰很讨厌闲谈，他们会尽力在人生中避免无关紧要的对话。

想掌握闲谈的艺术，你可以参考以下几点小建议。

- 心理暗示你喜欢闲谈。说实话，你抱着讨厌闲谈、巴不得它快点结束的心理走入交际场合毫无意义。你的声音、表情和肢体语言会出卖你的。提醒自己：世界运转靠人际。闲谈往往是长久友谊的开始，几乎所有人际关系的关键要素都包含闲谈。
- 发自内心地表露兴趣。你在讲话，对方压根就没听，这种情况最令人讨厌了。所以你一定要真心实意地想了解对方。掌握彬彬有礼的鹦鹉的处世哲学，用让对方心旷神怡的方式去了解他人。
- 抛出话题。有的人需要一些引人入胜或难以忘怀的话题点来继续对话。例如，某人说了句“最近天气挺好啊”（你知道他不只是想聊天气，对吧？），不要单纯回复一句“是的，确实挺好”，而是应该说“是呀，我前院有个美丽的玫瑰花园，明媚的阳光让玫瑰花竞相绽放”。你看，这么说不就让对方能继续跟你讲他们的花园什么样、询问你与玫瑰相关的问题或是单纯聊聊花吗？他们甚至还会讲讲自己周末都做了什么。单纯的一个词或一句简短的回复会让对话戛然而止。
- 将封闭式问题和开放性问题结合起来。研究表明，开始闲谈的最佳方式就是先问个简单的问题，比如“你是做什么工作的？”，再问一个更开放的问题，比如“怎么想到做这个的呢？”。

让我们越来越擅长与人建立融洽关系、和睦相处的好方法真是太多了。彬彬有礼的鹦鹉希望你尽己所能地建立并维持融洽关系。

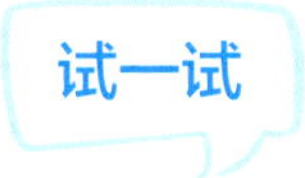

反思你在这一领域的技巧和能力，并在你认为必要的地方做出改进。不能与人和睦相处，你就很难说服任何人去做任何事。

让人心旷神怡

在人生中，能让人心旷神怡、感觉良好绝对是项很棒的技能。正如诗人、作家兼民权活动家玛雅·安吉罗（Maya Angelou）所说：“当我们愉快地付出、心怀感恩地接受时，人人都会收获幸福。”人们会为让其感觉良好的人做几乎任何事。这就体现了互惠定律，即你帮我一个忙，我就觉得有必要回报你。

当人们对自己和自己的生活感觉安全、舒适、开心、积极时，他们就会心旷神怡。

格斯（Gus）的故事

格斯是一位CEO，同时也是世界知名的播客主持人，也是我最喜欢的客户之一。在他的身上，我总能看到理查德·布兰森（Richard Branson）的身影。如果你了解大企业家理查德·布兰森，你就知道他非常善于让员工拥有一种良好的感觉。事实上，理查德让员工神气满满，以至于大家竞相表现自己，只为博取他的欢心。格斯也和他一样。

格斯人很好。你要是见到他，会立马喜欢上他。我听说新冠疫情封锁的时候，格斯的一家工厂为了避免感染不得不倒班。其中一班要在下午4:30开始，一直工作到凌晨。格斯很痛苦："不，我不能这样对我的员工！"但是，当他们把排班表发出去后，工厂员工一致表示，为了格斯，他们愿意倒班。能让对方感觉良好，对方就会为你不遗余力。

格斯还坚持时不时在倒班的员工上夜班时给他们打电话。是的，CEO亲自在晚上9点钟（他个人的休息时间）给工厂员工打电话。你可以想象，员工们接到他的电话时会有多惊讶，他们会说："格斯，你怎么这么晚打给我们呀？这个点儿你该休息啦。"

他回复道："你们正为咱们的业务拼着命，我怎么能休息呢？你们今天的辛勤付出让我倍感荣幸，真的太感谢你们了，同时，我也想让你们知道你们对我有多重要。"

试想，你要是那个工厂的员工，接到了 CEO 的电话，你得多欣慰啊。格斯真是提升了大家的工作动力。

同样，让人心旷神怡既能鼓舞对方又能鼓舞本人，这种心情很难在别处得到。

如何让人心旷神怡?

下文将提供几点建议，让你也能学会让人感觉良好、心旷神怡。

称赞他人

众所周知，发自内心的称赞会让我们心花怒放。当有人真诚地夸赞我们时，我们会对自己的表现或行为感到自豪，同时也很高兴自己能被人注意到。这就会自然而然地提高我们的自尊心，我们大脑内的化学物质也会发生变化。积极的反馈会促进大脑释放多巴胺。多巴胺这种神经递质能帮助控制大脑的奖赏和愉悦中心，有助于我们努力奋进、集中精力，发现有趣的事物。

称赞并非单行道，它会带来双向的好处，因为你在称赞他人之时，你自己也会感觉很好。同时你还很可能会收获一份赞扬。称赞会触发互惠原则。也就是说，你称赞了他人，对方也会更愿意认可你的努力，从而回馈你一份称赞，甚至还会为你提供帮助或是分享有用的信息。这会为长期积极的说服性人际关系奠定良好的基础。

人们对称赞在职场中的作用已进行了大量的研究，但很遗憾，据我们目前的了解，即便是发自内心的赞扬，其效果也并不持久。其实，盖洛普咨询公司在 2004 年的研究就表明，若员工感觉自己在职场上没有受到足够的认可，他们在未来一年内的离职率会高出三倍。所以，你作为企业领袖或是颇有抱负的领导者，是需要不断称赞员工的。

想要给予对方真诚的赞扬，你可参考以下几点建议。

- 你要留心他人做对了事。如果我们希望某个行为能重复发生，我们就会对其进行嘉奖。要奖励做对的事的人，而非惩罚做错的事的人。别人做对了事，你要留心，被你看到他们才会感觉良好。比如，你可以说："莉莉，我注意到你今天完全是按新流程来的。非常感谢你对此次流程变更付出的努力。"
- 你要留意默默无闻的成功者和英雄们。这类人经常低调行事，他们的努力很少得到赞扬。在离职面谈里，这类人总会提到自己感觉被低估、被忽视。要想纠正这一点，你可以在给默默无闻的英雄提供反馈时这样说："本，我知道我们对你的表扬还不够。但我还是要说，你在处理客户投诉方面做得太好了。你的付出以及你对服务标准的恪守，其实我都看在眼里。真的非常感谢！"
- 公开表扬对方。让所有人都知道对方在某方面很出众。让所有人都成为表扬大军的一员。公开表扬能创造一种认可付出、成就感满满的文化，能让大家都心旷神怡。例如，你可以在公司的每月电子杂志或是邮件中给全体

> 团队成员发送一条信息："本周，乔成功获取了谷歌账户，让我们为他鼓掌欢呼！乔在未来3个月内入账将超50 000美元！"

无论是在家，还是在职场，你都可以称赞他人。我有三个孩子，他们的朋友和伴侣经常会和我们一起共进晚餐。我们的家庭聚餐有个特点，就是我会轮流让每个人都讲讲自己当天做过的自豪的事。我们有个原则，可以是小事，比如"我大学的考试成绩不错"或者"我今天帮家里人收拾了冰箱"，也可以是大事，比如"我帮朋友顺利过渡到美国读大学"。详细解释后，我们都会给这个人鼓掌，还会打个"响指"。我们微笑着称赞他们，整个晚餐都沐浴在积极融洽的氛围之下。

这一过程还能让我和丈夫了解孩子们的生活中发生了哪些事，也能和她们分享我们在做的事。其终极目的就是让我们都有机会为家庭成员的成就欢呼庆祝。其实，还有个额外的小福利，就是能让孩子们高度关注自己的日常行为，他们会不自觉地评估自己的所作所为是否对他人有益。我相信他们会因生活中的积极行为而受到认可。

用触碰以示欢迎

有些形式的触碰会让人感觉良好。内科医生科斯汀·乌夫内斯·莫伯格（Kerstin Uvnäs Moberg）被公认为催产素（俗称"爱情荷尔蒙"）的世界级权威专家。莫伯格和其同事在2015年的一份报告中称，"欢迎性触碰"可以降低压力，激活催产素的释放，有助于促进依恋关系，对身体健康大有裨益。握手或碰拳都属于欢迎性触碰。但是，亲吻在商业上属于非欢迎性触碰，至少在很多西方文化中是如此。亲吻的举动太过亲密，极大可能会被误解。（真的有好多次，有那种并非心怀不轨的男同事或是男客户弄得我耳朵上都是口水，或者差点亲到我的嘴。我不好意思只能悄悄擦掉脸上的口水，感觉他们很没礼貌。）在西方社会，不论你是男是女，都不要随意亲吻他人。

称呼对方的名字

大多数人都会因为你记住了他的名字而开心。记住对方的名字可以立刻和人建立联系、缔结融洽关系，让对方感觉良好。记住对方的名字就是在说："我很在乎你，所以我记得如何称呼你！"

下方是我记住他人名字的八大秘诀。

1. 你必须用心听、用心记。这么说可能会有点强硬，但事实是，对方在告诉你姓名的时候，你必须把所有其他的想法都抛到脑后，全神贯注于对方说的话。看着对方的眼睛，让对方感受到你的专注。一定要专心听、记住对方的名字，这非常重要。

2. 重复姓名。重复一遍对方的姓名，把它刻在脑子里。

3. 押韵法。"这位是南希，真是个美人兮。""这位是索菲娅，想起了妈妈咪呀。""这位是格米特，他表哥是科米特。""我叫米歇尔，一会儿就去歇息，绝不出尔反尔。"总之，你领会要点了吧？

4. 识别面部特征。看着对方，找到其面部的显著特征，他是浓眉还是大眼？把这个特征与其姓名联系起来加深记忆，例如，"他叫英迪拉，有双明亮的眼睛"。

5. 联想。将对方的姓名与已知事物联系起来。例如，她叫罗斯玛丽（Rosemary，也有迷迭香的意思），我喜欢在烤鸡上放迷迭香。“他叫马特，楼下也有个人叫马特”，当你看着马特这个人，努力回想他的名字时，你就会想起楼下的马特，于是，马特这个名字就呼之欲出了。鲁比穿着红衣服，你就可以想“穿红衣服的那位是鲁比”。再举个好玩的例子，不知道你看没看过《摩登家庭》，里面有一集特别搞笑，菲尔·邓菲（剧中父亲的角色）在其中解释自己是怎么记名字的。他说：“干销售的记不住名字哪能行……所以我就用记忆术——一些小妙招来帮我记名字。”然后画面一转，菲尔和小儿子卢克说话的时候手机响了，但手机上没有显示来电人的名字，菲尔看着卢克的眼睛自言自语道：“他看起来像个外国鼓手。这个外国人来自法国。法国（France）和蚂蚁（Ants）押韵。蚂蚁破坏了野餐（picnic）。尼克（Nick），什么事儿呀？”研究表明，记忆术越生动、越特别，就越容易记住东西。

6. 拆解。拆解复杂或冗长的名字。比如，“‘Prasanna’是‘Anna’前面加上个‘Pras’。”

7. 写下来。尽量把名字写下来。如果名字很难记，就按发音写，记住读法就行。举个例子，我有个客户名叫萨尼亚（Saniya）。她第一次介绍自己名字的时候，我就写成了“散妮啊”。我在此坦白，我苹果手机的笔记应用里有一个文档专门用来记名字，里面有我孩子朋友的父母、我朋友的孩子、我最喜欢的美甲沙龙里的女孩，好多人的名字，无法一一列举。他们肯定觉得我很了不起，因为我总能记住他们的名字。但其实真相是：在见到他们之前，我都会翻翻手机查一下。

8. 手机用起来。把对方的手机号记到手机上，这样你就能同时添加姓名了。要是问人家要号码没什么问题，那就要一下，然后把对方的名字和其他细节以自己能记住的方式添加上去。比如，“拉齐（Lachie）——曼利海滩的酒吧遇到的”或是“森迪（Sendy）——学校学生比昂卡（Bianka）的妈妈”。

艾玛（Emma）的故事

艾玛参加过很多销售会议，其间结实过很多素不相识又有趣的人。与会人员一多，她就很难记住大家的名字。以前互递名片的时候，她会按照客户的座位把名片依次摆在面前的桌上。现在，她会按照座位顺序把客户的名字记在她的笔记本上。对方看不到她写了什么，所以她想和谁讲话时，总能准确地叫出对方的姓名。这真是既简单又聪明的方法。

记住他人的关键事实

要是有人记住关于你的事，你是不是特别高兴？记住他人的关键事实和记名字一样重要。有一天我碰到个人，他记得我有三个孩子、我丈夫是海洋游泳运动员、我教公共演讲课程。实话讲，我当时真的受宠若惊。他记住了我的关键事实。这无疑加强了我们之间的关系。就因为他记住了我的一些事情，我便立刻和他建立了联系、缔结了融洽关系。你有没有同样的感受？哪怕只是一点点呢？

要是对方忘记了你的名字，你又作何感想？对方忘了你对贝类过敏，结果预定了海鲜餐馆，你会不会感觉很受伤？那天，有个很好的朋友给我女儿送了些花生巧克力当生日礼物，可我女儿对花生过敏啊——我和这个朋友也交往了10年之久了。要是你的好朋友给你一件让你过敏的生日礼物，你会作何感想？清楚记住他人的关键事实很重要，因为这能让对方感觉自己有被关注到，从而建立起融洽良好的关系。

记事实和记名字的方法大同小异。你肯定要先在乎他人。他们说话的时候你要认真倾听，全神贯注、感同身受，这样才能把对方的事情刻在记忆中，不要似听非听，否则听完就忘了。把重要细节写下来也很有用。

你怎样让人心旷神怡？

在畅销书《高效能人士的七个习惯》中，史蒂芬·柯维提出了一个名为“情感账户”的概念。情感就像银行账户。随着每次存取，余额也在随之变动。你帮对方个忙，或者你在某些方面对他很好时，你就向对方的情感账户存了一笔。反之，如果你忘了对方的名字，没想起来他刚离婚，或是上周约好的快步走你没去，你就从对方的情感账户里取走了一笔。

你向对方的情感账户存入多少、取走多少最终决定了情感的“余额”。当然，如果你想让人心旷神怡，就要努力多存、少取。彬彬有礼的鹦鹉会设定目标，让他人始终感觉良好，所以对方的账户总是满满当当。

科林（Colin）的故事

我有个朋友叫科林，他就是位彬彬有礼的鹦鹉。我们的孩子多年前是好朋友。现在我很少见到他，因为他住的地方距我们4小时的车程，但他回来看望父母的时候我们偶尔会碰到。每次我见到科林，体验感都相当得好。尽管我们有10年没见了，他见到我的时候还是相当高兴。他会问到我孩子的一些事儿，一些没人会记得甚至我自己都不记得的事儿。他似乎真的很关心我，会记住我生活中的好多事，就好像他是我人生的见证人一般。科林的这种品质让我特别愿意与他会面。我可以保证，但凡科林需要帮助，我绝对会立刻伸出援手。

乐于助人

你帮了别人一个忙，或是为别人做了一件好事，你就以积极的方式影响了他们的生活，并缔结了长期的纽带。一件简单的好事就能建立信任。好消息是，这种信任能让对方更亲近你、让你也更亲近他。帮助他人时，你便营造出一种积极的氛围。人们在你身边会很舒服，会很想和你做朋友。

他人想和你做朋友，就会更容易被你说服。澳大利亚篮球传奇运动员帕蒂·米尔斯（Patty Mills）曾有句名言：“多倾注、少倾诉，为他人带去价值，从中收获快乐。”多好的人生秘诀呀！

趣闻：有一个非常酷的现象叫作“助人快感”，就是你从帮助他人中感受到幸福的提升。你让他人感觉很愉悦，你自己也会因此感到快乐。如果这都不算双赢，那我真不知道什么算了。

多多帮助他人

多多帮助他人，最好也是最简单的方式就是设身处地为他人着想，扪心自问“若是我本人处在这样的境地，我现在需要做什么呢？”，然后你就要为他人提供相应的帮助（或者干脆自己就做了）。

帮助他人也是触发互惠原则的行为。你和对方之间会形成一个善意的循环。你若慷慨解囊、帮助他人，等他们愿意倾囊相助之时，你会是他们第一个想到的人。

沃里克（Warwick）的故事

沃里克是澳大利亚首屈一指的线上活动主持人、在线会议专家和“金牌主持”。沃里克本人还说他是他妻子最爱的丈夫。所以你看，他还特别幽默。沃里克是我认识的彬彬有礼的鹦鹉中最慷慨的一位。这一点也能说明，我最看重的个人品质就是慷慨大方。

有一天，我问他为什么一直主动帮助他人。他跟我说：

> 因为我很善良，帮助他人我也很高兴，助人为乐符合我那“温柔巨人”的形象，这些说起来很容易。确实，这些也都是事实，但这都不是主要原因。我一直帮助他人（帮到连我自己都觉得是不是付出得太多了）的主要原因其实是，善良、奉献的世界才是我想要的世界。虽然有时现实世界并非如此，但我情愿相信，世界是美好的，人们是道德高尚的、相互支持的、彼此慷慨的。如果我想生活在这样的世界，那我自己就得行动起来，努力去创造这个世界。对我而言，要想让我生活的世界变得更好，为他人付出、奉献，就是实现这个目标最简单的方式。

天哪！这想法太赞了吧！是的，沃里克也通过帮助他人收获了很多好处，包括他真心实意地感觉到世界越来越好，以及受他帮助的人在取得成功后他自己也能参与庆祝。（我也受过他的帮助！）他本人也感觉心旷神怡。

我也可以跟大家讲，了解了沃里克你就知道，这些只是他乐于助人收获的一部分好处。如果你问他，他会直言，他还获得了相当可观的经济收入。例如，新冠疫情刚开始的时候，我们的行业几乎一夜停滞，发言者们都陷入了恐慌与担忧。沃里克就扪心自问：“我怎么能帮到他们呢？”于是他建立了一个名为“What's Up Wednesday”（“周三何事”）的每周小组，让这个行业的人们能聚在一起、线上学习。后来，他又建了一个叫“Making Events Awesome”（“活动变厉害”）的社交媒体群组，也在通过这个媒介平台帮助他人。

沃里克之所以这样做，是因为他知道人们想要保持联系。他意识到我们这个行业的每一个人都需要支持。我是第一批加入他的每周小组的人，之后又有很多人参与了进来。沃里克在美国的一位同事经常参加小组活动，她把沃里克推荐给她的一位客户。于是，她的客户就成了沃里克的客户。这位新客户最开始预订了4场活动，后来就变成在18个月内预定了30多场活动，目测他们还会继续合作下去。2021年11月，沃里克因其在演讲行业的贡献被授予了“全球杰出内部企业家奖”。2022年，他又被授予“澳大利亚专业演讲家年度突破性演讲家”奖，以表彰其向线上活动举办和制作方面的巨大转变。他还获得了澳大利亚专业演讲家（PSA）的最高荣誉“内文奖”（Nevin Award），表彰他在演讲和活动行业的持续付出。我从非官方的小道消息得知，本次内文奖可是PSA史上提名最多的奖项之一。大家都很感激沃里克坚定不移的支持和指导。由此可见，你让他人高兴，你本人也很可能会收获大奖哦！

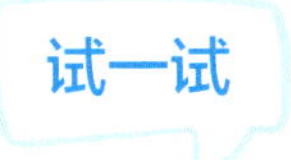

你要如何释放心中那只彬彬有礼的鹦鹉，以一种特别的方式去帮助他人、改善他人的生活呢？可不可以给人分享一些免费的窍门、帮他人个忙、送一本你喜欢读的商务书，或者把你认识的小企业主介绍给需要的销售呢？帮助他人不仅能让你感到高兴，还能释放你真正的善意。

联系密切

积极的人际关系对改善整体心理健康大有裨益。人作为社会性的物种，当我们与他人建立有意义的联系时，我们会心旷神怡，会有归属感，会在广阔的世界中找到更大的目标。其实，精神病学家兼分析心理学的创始人卡尔·荣格就曾有言："两个灵魂的相遇就像两种化学物质的接触，一丁点的反应就会彻底改变它们。"积极的人际关系会让我们感到高兴、受到了支持和重视。想要拥有说服力，发展社会关系就显得尤为重要。

研究教授布琳·布朗完美总结了联系的定义：

> 我对联系的定义是：当人们被看到、听到和重视时，当他们可以不被批判地给予和接受时，当他们可

以从人际关系中获得支持和力量时，双方间存在的一种能量。

也就是说，联系他人就是看到他人、关心他人、表露温暖与善意。

与更多的人建立更深层次的联系

下面我将列出几个真正建立联系的方法，希望你能与更多的人建立更深层次的联系。

积极结交

视结交他人为己任。畅销书《如何赢得友谊及影响他人》的作者戴尔·卡耐基曾说，相较于整天围在某人身边让他对你感兴趣，你对他真心实意地感兴趣，才会让他更快地喜欢上你。

真诚发问会让你更好地了解对方，但要注意，提问的时候别太强势。要想知道自己的问题合不合适，可以思考一下你的提问有没有目的性。比如，“你最喜欢什么颜色？”这个问题无关紧要，问不熟的人这个问题很不合时宜。相反，你要是问“你在这儿工作多久了？”这个问题相关性更强，能引出更有意义的对话。影响力大师科特·莫滕森也建议你直接提问，吸引听众，让他们与你交流，比方说，你可以问“你怎么看……”。

结交他人还有一种方式就是找到一个你可以分享的活动。我自己的亲身经历就完美诠释了这一点。我有个好朋友叫莫妮卡，是在工作中认识的。见到她的第一眼我就觉得我们一见如故。我很想和她交朋友，但又不知道怎么结交才不至于太诡异。我怕让她和我做朋友会显得很奇怪。我都 50 岁了，50 岁的女人主动希望和另一位商业伙伴结为好友，一般都怪怪的。

我很尊重她的工作内容，所以我就想，我要尽量在工作中支持她。如果她在社交媒体上发帖，我就给引起我共鸣的帖子点赞。我发现她的帖子对他人很有价值，我就邀请她加入我所在的一个与工作相关的社交媒体群组。在这个群组里，她收获了很多职业上的帮助。时间一久，我们就熟络了起来。之后，我又主动提出帮她拍摄视频，因为我在演讲技巧方面的建议能让她上镜更好看。我们聊得越发深入，不出所料地发现了很多共同点。最后，我邀请她和我沿着曼利海滩散步，我们边走边聊，又去喝了杯咖啡。我们现在已经是至交了，我特别珍视她。

当时的这些活动都不是我“预谋”的。我觉得这些彬彬有礼的鹦鹉行为都是自然而然发生的。我擅长结交他人，也很爱与人相处。我的个性和风格属于十足的“专注他人”型。只是我回忆起来，方才意识到，当初我与莫妮卡建立了一种富有成效且牢固的亲密关系和情感联系。有说服力的人行事就是如此自然。他们擅长结交。如果你想成为这一领域的大师，你可能得先提前规划一下你的行动，直到你能自然而然地行事。

诀窍

米歇尔有言：

“有说服力的人就是擅长自然而然地结交他人。如果你想成为这一领域的大师，你可能得先提前规划一下你的行动，直到你能自然而然地行事。”

积极参加社交活动

工作和家庭生活越忙，我们的压力就越大，就越不愿意去社交。但我们是社会性动物。你可以去健身馆培养一个爱好，或者在某个地方当志愿者，结交志同道合的人，这些都算是“多多走出去”。有意识地去认识新朋友，一起吃顿饭、散散步、喝杯咖啡，或是做双方都想做的任何社交活动。所以，是不是该和许久未见的人计划一次出游或者类似的社交活动了？

保持直接、持续的眼神交流

在多数西方文化中，眼神交流被视作有效沟通的重要组成部分，而且，出于尊敬，人们往往更关注那些看向自己眼睛的人。眼神交流时也要注意，别死死地盯着对方，你要直视对方、真真切切地看到对方。看眼白——这样你就不至于以疯狂又诡异的方式死盯着对方了，否则谁都不舒服。一定要时不时看向别处，给彼此喘息的机会。眼神游离，左看看右看看，或是视线不停留在对方身上，这叫“贼溜溜的眼神”，贼溜溜地看人，对方是不会被你说服的。所以要在直视对方的眼睛和时不时看向别处之间找到很好的平衡。

若能掌握直接、持续的眼神交流，你就能建立紧密的融洽关系、提升说服力。如果眼神交流不成功，你就很难建立良好关系、拥有说服力。

诀窍

米歇尔有言：

“若能掌握直接、持续的眼神交流，你就能建立紧密的融洽关系、提升说服力。如果眼神交流做不好，你就很难建立良好关系、拥有说服力。”

今天，尽己所能与他人建立有意义的联系。

积极倾听

积极倾听是你该掌握的一大技能，它能给你的人际关系带来诸多好处：

- 你会更好地了解对方的感受、态度和观点。
- 你会更好地做出善解人意的回应。
- 你会更好地提出最佳的问题，确保自己对对方有深入的理解，加强双方的联系。

当他人觉得你在倾听时，就会产生一种强烈的善意，他们就会接受你的想法。

要注意，单纯地听和积极倾听之间有着很大的区别。积极倾听是指你全神贯注于对方。你的注意力如此集中，以至于周遭的一切都无法让你分神。精神病学家兼畅销书《少有人走的路》的作者斯科特·派克（Scott Peck）有言："你不可能在认真听人讲话时还做别的事。"彬彬有礼的鹦鹉在和你讲话时，会希望你能积极倾听。

学会积极倾听

我还从没遇到过能一直专注于积极倾听的人。积极倾听绝非易事。希腊斯多葛学派的哲学家爱比克泰德的一句名言就很有用，他说："我们天生有两只耳朵，却只有一张嘴，所以倾听的时间应该是说话时间的两倍。"这绝对是积极倾听的第一要义。

要想提高积极倾听的能力，你可以参考以下几个具体方法。

专心

全神贯注于对方的讲话，不要分心。不要理会周遭发生的任何事情。

不要边听边思考你要说什么。比如，不要在对方讲话的时候，自己开始思考怎么反驳、怎么辩论。

点头

对方讲话时，点头表示认同，这说明你在认真倾听对方的话，而且认同他们的观点，但也不要太过频繁。频繁点头会让相关方觉得你是刻意为之，不是真的在听。

小秘诀：听的时候点头，说的时候也要点头。讲话的时候点头叫作“说服者策略之点头”。说服者策略是让自己更有说服力的一系列行为。所以，“说服者策略之点头”当然就是你点头，然后发现相关方也冲你点头。这能很好地表明你与相关方关系融洽。

使用口头肯定语

2013 年，斯德哥尔摩大学的语音学研究员马蒂亚斯·赫尔德纳（Mattias Heldner）报告称，与人交谈时运用口头肯定语很有用。这些口头语能让对方知道你认同他们，他们就能继续聊下去。赫尔德纳报告称：

> 这些用语表明我们正在倾听，我们也在理解对方传达的信息。这能在对话中创建共同点。

他建议大家用“嗯”“啊”“嗯哼”来表示。我建议你也可以用一些完整的词，如“是的”“我同意”“哦不！”等，你明白我的意思了吧？赫尔德纳也警告称，大家要谨慎，这些词不要用得太过频繁。太过频繁会有讽刺之嫌，或者好像你在假装一样。

小秘诀：露了绝活儿就是丢了绝活。换言之，要谨慎。如果对方意识到你在故意使用某种技巧去左右他们，那就不是自然而然的行为了，对方就会心生反感，从而使融洽关系破裂。永远要记住，用口头肯定语是为了帮你更好地倾听，而不是假装你在全神贯注。

米歇尔有言：

“露了绝活儿就是丢了绝活。换言之，要谨慎。如果对方意识到你在故意使用某种技巧去左右他们，那就不是自然而然的行为了，对方就会反感，从而使融洽关系破裂。”

表情要到位

让面部表情来说话。在对话的过程中，你的面部表情也要随之变化。对方很难过？那你就面露难过；对方很开心？那你也要开怀一些。

身体要舒展

你的姿势一定要敞开，且面向相关方。舒展的姿势表明你对他们说的话很感兴趣。侧过身子或双臂交叉在前呈保护状则表明你不感兴趣、很不舒服或百无聊赖。

不要插话

打断别人讲话很没礼貌。插话意味着你觉得自己的观点更重要，也表明你想让他们快点说完、你没兴趣把时间花在他们身上。为了防止自己插话，你可以在对方讲话时在脑中形成图片或图像，总结对方话语中的意思。还有一个方法，就是想象对方说话时的情绪。

停顿

等对方停顿1毫秒再发表你的看法。这样做就不会显得你太快插嘴。停顿也能表达你对对方的尊重，有利于建立良好关系。

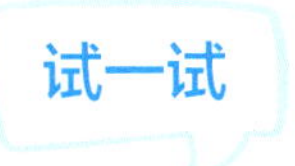

积极倾听需要下功夫。我强烈建议你尽己所能地提高倾听能力。从上述的建议中挑选一个，尽量在未来一周内掌握它。

摒弃那些破坏善意的词语

有时，即便我们的意图是最好的，我们用的词却会削弱说服力。政治伦理学家圣雄甘地曾有言：“时刻致力于思想、语言和行为的完全和谐。时刻致力于净化你的思想，这样一切都会好起来的。”这种和谐并不总是容易实现。误会时有发生，也许连我们自己都没意识到呢，朋友、同事（或是与我们相爱的伴侣）就已然大发雷霆，只剩我们一头雾水：“我说什么了吗？”所以，用词要小心，这一点非常重要。

这些词要避免使用

有很多词在生活交际的过程中要谨慎使用：

- “但是”和“不过”；

- “好吗？”、“很明显”、“基本上”、“你知道吗？”、“对不对？”和“没问题吧？”；
- “全体”“每个人”“不能”“禁止”“不应该”这类的绝对词。

为什么不该用“但是”或“不过”

（不论是口头还是书面）句子中若用了“但是”或“不过”这类明显的转折词，你的相关方很可能觉得你在否定他们刚刚说的话。我来举个例子。假设你刚买了件时髦的黑色西装，你穿上特别好看。你问我觉得怎么样。我说：“哇！你穿这件黑西装也太好看了吧。颜色太衬人了，特亮眼，面料还这么好。你穿上真是绝了。但是我更喜欢看你穿深蓝色。”天哪！这听起来就好像我刚刚在说，你穿黑色特难看，穿深蓝色更好看。是不是这么个理儿？

由此可见，不管你在“但是”之前说的话有多肯定，一个“但是”直接就毁了所有。“但是”否定了你之前说的话。这个词会激活相关方大脑中的边缘系统，促使他们做出“战斗—逃跑”反应。也就是说，相关方会感到体内肾上腺素和内啡肽激增，导致他们要么与你作战（对你暴躁粗鲁、咄咄逼人），要么逃跑（屏蔽掉你接下来说的话，不再听了）。

再举个例子，在你的绩效评估里，经理说了一大堆褒奖你的话，你特别高兴，直到你突然听到那个臭名昭著“但是”，后面跟了几句需要改进的地方：

> 你对待工作耐心细致、一丝不苟，你与客户合作

得很出色，你的投入和奉献让我非常欣慰，但上周那份报告你没按时交上来。

你立刻忘掉了前面所有的褒奖，转而关注你需要改进的地方。你听到的就只有你做得不够好，因为你误了报告的截止日期。你突然消沉下去，感觉很糟糕。

任何时候，尤其是给他人提供反馈的时候，都要慎用“但是”和“不过”这类的转折词，因为它们会剥夺赞扬之词的快乐和价值，有损于你的善意。

那你还能怎么说呢？特别是在化解冲突时，我们会用“而且”或者“所以”（或是停顿一下，干脆什么都不说）这类没有攻击性、没有感情色彩的词。还有一种方式是停顿一下，然后补充说“好消息是……”或者“坏消息是……”。

下述例子展示了一些你在对话中替代“但是”的方法：

- 将“我们的销售额下降了，但是……”换成“我们的销售额下降了（停顿），好消息是今天我们收获了三位客户！”或者“我们销售额下降了，所以很遗憾，我们得团结起来，重新制订下个季度的商业计划。”
- 将“我知道你们不想加班，但是……”换成“我知道你们不想加班，而且很遗憾，我们预计的来电数量将增加20%，而你们是我们的专业技术人员，所以我们真的很需要你们留下来。”

这么做，会让你更加高效地应对职场和家庭对话中的冲突和反对意见，具体有多高效，绝对超出你的想象。

小秘诀：无论是在邮件里还是面对面的交谈中，你都要尽量避免使用“但是”或“不过”这类的词。别用这些词，然后看看自己的说服力能提高多少。

本（Ben）的故事

本是我的一个客户。每一位参加我的说服力演讲技巧培训班的学员，我都会让他们随时按“说服蓝图”的模式，把演讲稿发给我。我会免费帮他们检查，提出建议。很多人都会来找我帮忙。

本在参加培训班6个月后，把“说服蓝图”演讲稿发给了我。在邮件正文中，他写道：

你好，米歇尔。我是本。我五月份的时候参加过你的培训班。当时，你提出会为我们检查演讲稿。在此，我附上我的文档，如果可以的话，请你审阅一下。

附言：顺便说一下，我把所有的“但是”都去掉了，哈哈哈！

他以为他在开玩笑，其实，他自己却犯了个啼笑皆非的错误。你猜我在他的稿子里找出多少个“但是”？17个。是的，即便他以为自己检查了，也去掉了，我还是找到了17个“但是”。所以你看，这个词多么常见、多么频繁，你甚至自己都读不出来。你得多读几遍邮件或提案才能把它都找出来。

你要是想否定自己刚说过的话，那就用“但是”或者

“不过”。否则，你在说服他人时就要换一个更好的说法。祝大家好运！

回看你写的上一封邮件，仔细通读一遍，看看自己能不能去掉里面的“但是”，以减少读者阅读时的冲突感。

为什么不该用“好吗？”、“很明显”、“基本上”、“你知道吗？”、“对不对？”和“没问题吧？”？

你希望能尽可能和听众保持融洽的关系，但你或许没意识到，有些词会让相关方与你意见相左，进而破坏融洽关系。这些词包括“好吗？”、“很明显”、“基本上”、“你知道吗？”、“对不对？”和“没问题吧？”。

当我们坚持己见时，每个人的个性过滤器会决定对方在多大程度上支持我们。这种个性过滤器被称作“匹配者/错配者”过滤器。理查·班德勒（Richard Bandler）、迈可·何（Michael Hall）和鲍勃·博登海默等学者的研究指出，对话过程中，你要么更喜欢匹配，要么更喜欢错配。

匹配者会寻找相同之处。和他们讲话时，他们会找寻你话语中他们认同的内容。例如，你说：“我喜欢从事这个项目！”对方若是匹配者，就可能会说“是的，我也喜欢”或“我喜欢这份工作中的分析环节”或“一起共事真是太棒了”。明白我的意思了吗？

匹配者往往擅长“客户永远是对的”这类客服工作。

相反，错配者就想寻找与你观点不同的视角。他们会轻而易举找出你观点的漏洞，并自然而然地反驳你。他们总是在找不同之处。例如，你说：“我喜欢从事这个项目。”对方若是错配者，很可能会说“是的，但上个月的项目更好”或“我太忙了，根本没时间思考自己到底喜不喜欢它”或“要是有更多协助就好了”。

错配者擅长的工作往往涉及风险预测、注意不匹配之处或是留意他人错误的说辞。他们很善于审计、分析和解决问题，会成为很优秀的会计师、医生、律师、工程师、分析师和科学家。事实上，很多人需要掌握错配之道，才能把工作做好。

我们来看看匹配者和错配者会如何回应同样的场景。

假设你在服装店，有位客人说：“有蓝色的衣服吗？”匹配者会回答“蓝色的衣服就在这儿”或“哦，你穿蓝色肯定好看，我给你找一件”。

错配者会回答：“我觉得蓝色不太适合你。你要不要试试黑色？”

不要以为匹配者很积极、错配者很消极。再来看个例子。

你站在茶馆里，萨莉跟你说：“我真讨厌和弗劳斯共事。她又懒又慢，害得我都没法赶上截止日期。”匹配者会说：“是呀，弗劳斯真的做事又慢人又懒，我也很烦和她一起工作。”他们至少会找出萨莉的某个缺点跟着抱怨一番。

错配者则会说："那也不是她的错。弗劳斯总是到得很早，她在忙那个大项目呢，所以她回复日常需求慢了些。"

由此可见，匹配者和错配者没有积极、消极之分，得具体情况具体分析。

当然，有时，其中一种人更讨你喜欢。我有个亲身例子。我的洗碗机没法烘干，恼人极了。我家现在有五口人、两条狗，外加一位体型庞大的男友，以及很多饭量颇大的朋友和访客。我们把碗碟放入洗碗机，真诚希望它们能干爽洁净，结果你猜怎么着？洗了一夜，还是湿的。我们中的一员就得拿出老式的抹布把所有碗碟都擦干，再放进橱柜里。太费劲了！为了解决这一问题，我给洗碗机的生产商打电话说："我的洗碗机没法烘干。"结果你猜客服怎么回复的？他停顿了一下说："女士……它叫洗碗机，不叫烘碗机！"逗我玩儿呢？他说完这句就没下文了。他就是典型的错配型人格，更适合做洗碗机的修理工，而不是当客服应对愤怒的客户。

在说服性场合，匹配者和错配者你都会遇到，无论是职场上，还是社交生活中。你要记住，当你说"好吗？"、"很明显"、"基本上"、"你知道吗？"、"对不对？"和"没问题吧？"这类词时，很容易发生错配。举例如下。

- 你问或说"好吗？"，错配者会想，或者会说"不，不好！"。
- 你说"很明显"，错配者会想，或者会说"不，哪里明显了？"。
- 你说"基本上"，错配者会想，或者会说"不，基本在哪儿啊？”。

- 你问或说“你知道吗？”，错配者会想，或者会说“抱歉，我不知道”。
- 你问或说“对不对？”或“没问题吧？”，错配者会想，或者会说“不，不对”或“不，有问题”。

这些词会让错配者开始寻找你信息中不一致、不准确的部分。一旦错配者开始反驳，他们就不会给你喘息的机会，你就很难成功说服他们。

所以，尽量避免使用这些词，把它们换成停顿或是腹式呼吸。如果你真心想核查相关方是否认同你的观点，不要说“没问题吧？”，而是应该换成一个更具体的问题，如“您对我们目前为止探讨的内容有什么反馈吗？”。终有一日，你会发现自己讲话的时候会摒弃这些词语。

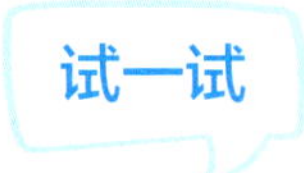

下次你再写邮件或是在会上发言时，不要说“好吗？”、“很明显”、“基本上”、“你知道吗？”、“对不对？”和“没问题吧？”这些词。试着替换成其他的词语或疑问句。

为什么不该用绝对词？

像“全体”“每个人”“不能”“禁止”“不应该”“不会”“不是”“从不”这类绝对词，是很容易引发异议的。在上一部分，我提到无论是职场中还是社交生活中，你都会在说服性场合里遇到匹配者和错配者这两种人。用了绝对词就很有可能让对话中的错配者开始反驳你的观点。此外，绝对词的使用暗含了情况非黑即白的意思，但事实往往并非如此。用了绝对词还会让他人觉得你有偏见，对自己的观点缺乏深思。

那该怎么做呢？如果你确定绝对词是对话或写作中的最佳选择，那就用。但大多数情况，你可以替换掉绝对词，让句子更容易被相关方接受。

表 8-1 列出了一些避免使用的词及其替代词汇。

表 8-1　应避免使用的绝对词及其替代词汇

避免使用的绝对词	替代词汇
从不	罕见的、偶尔的、间歇性的、不规律的、难得的、少见的、稀少的
全无	少许的、微不足道的、不常有的、少量的、偶然的、稀缺的、不常见的
每个人	大多数、主流的、很多、大部分、大多
没有人	很少、仅有几位
总是	通常、经常、频繁地、一贯地、定期地、反复地

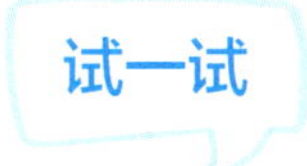

给本页贴上索引贴以备日后参考，或者把表 8-1 中的词语和替代词写在便利贴上粘到桌子旁，这样你就能时

时修改商务邮件和写作了。记住——你在写作时越避免使用绝对词，你就越有可能在讲话时用替代词语。

还要记住，你想时时刻刻都有说服力，而不仅仅是演讲台上那几分钟。通读一下你最近的邮件，留意一下自己有没有在无意间用到了容易引起相关方反驳的绝对词。修改邮件，让它更适合对方阅读。

要用对“你”“我们”“我”这类人称代词

在说服性场合中，“你”“我们”“我”这类人称代词的选择是左右沟通结果的一大关键。有时，用“我”最合适；有时，用“你”或者“我们”更合适。

那该如何挑选呢？我们在生活中与人沟通时，都是从这三个主要的视角（或立场或观点）出发——分别是第一、第二和第三视角。

第一视角就是站在自己的立场上，完全沉浸在自己的思想中。你所关心的只有你自己和你的需求。不用说，从第一视角出发去说服他人是很难的，因为你很有可能采取被动或咄咄逼人的说服方式。

第二视角就是完全设身处地地为他人着想。你在这一视角关心的只有对方的诉求和需要。

第三视角则是二者兼而有之。第三视角也往往被称作是直升机视角或墙上的苍蝇。在第三视角，你可以俯瞰，可以更好地了解自己的需求（第一视角），也能更好地了解对方的需求

（第二视角）。在第三视角，你可以做出一些最适合你本人也最适合相关方的最佳决定。

至于在说服性场合中，选用哪个人称代词更为合适，就要在第三视角下功夫，问问自己“哪个词对双方都合适？”。

比如，如果你和某人起了争端，用“你”就会让对方觉得你在攻击或指责他，会导致他们采取防御态度。在这种情况下，用“我”就更合适，因为“我”表明你能控制自己的情绪。例如，不要说“你让我觉得……”，而是说“我觉得……”，这样就可以消除指责，缓和双方的关系。

再比如，假设你是领导，你想让团队采取某项方案。如果你说“我想让你去做……”，“我”这个词就把你自己放在了第一视角，他们虽然会按照你的要求去做，但很可能会在背后抱怨。相反，你可以说“你可以看出，我们都按……去做是很重要的”。这句话中，“你”和“我们”让你的交流重点落在对对方乃至整个团队（而非你自己）的好处上。因此，他们更愿意按你的要求去做。精准选用“你”和“我们”这两个词维持了你与团队成员之间的融洽关系。

说服他人时要明智地选择措辞，这样才能促进友好融洽，建立最为重要的友善关系。

诀窍

米歇尔有言：

“说服他人时要明智地选择措辞，这样才能促进友好融洽，建立最为重要的友善关系。”

关于建立良好关系，我还有一言

记住，我们都是不同类型的结合体，差别仅在于每个类型的偏好程度不同。不管建立良好关系是不是你的强项，阅读本章后，你都可以从现在开始着手练习这些好的建议，从而培养自己内心那只彬彬有礼的鹦鹉。有的建议比较简单，容易上手；有的则要花些精力。

你可以每周练习一项或几项，假以时日，你就会发现，随着自己善意的累积，你的人际关系也会有所改善。你应该时时刻刻都能做这些事，而不仅仅是在重要会议、对话或商业推介会等特定的临时性说服场合中。记住——你始终在影响他人。

不能与人为善，就无法充分施展说服力，因为通力合作的感受与态度是说服的关键要素。建立良好的关系来提高你在生活中的整体说服力，机会近在眼前。

彬彬有礼的鹦鹉

- 与人为善便是友善待人、乐于合作，它可以让你与人建立联系，让你讨人喜欢，还能增强你的说服力。
- 以下方法可以建立并巩固你的善意。

1. 了解自己、接纳自己会赋予你内在的自信，让你在说服的过程中彰显真实的自我。

2. 不要评头论足，也不要以过于亲近的姿态接触他人，同时记住人的行为不能体现他的本性，这样你就能接纳他人，释放强大的善意。

3. 想要讨人喜欢，可以端正仪容，可以微笑、开怀大笑，还可以露出双手、认真倾听。

4. 与人礼貌沟通，真心实意地对他人感兴趣，让他人感到你接纳了他们真实的自己，这些都能帮你温暖待人。

5. 与人建立融洽关系、和睦相处，让人感觉轻松自在的方法有很多，包括表露兴趣、友善待人、彰显同理心、发自内心表现热情、找到共同点、领会自我表露和闲聊的艺术。

6. 让人心旷神怡的方法有称赞他人、给予对方欢迎性的触碰、称呼对方的名字并记住对方的关键事实。

7. 扪心自问“若是我本人处在这样的境地，我需要做些什么呢？”，然后在恰当的时机给予对方合适的帮助。

8. 通过积极结交、参加社交活动，以及保持直接的眼神交流来与他人建立联系。

9. 积极倾听的方式有很多，比如，要专心，不要提前思考自己要说什么，用肢体和语言表示肯定，面部表情要到位，身体要舒展。

10. 摒弃破坏善意的词语，情绪词或引起错配的词都不要用。

- 记住，我们都是不同类型的结合体。相关方在众多说服性场合中都期望你能与人为善，所以建立良好关系来提高生活中的整体说服力吧。

第九章 类型四：魅力迷人的孔雀

看来，你想增进自己魅力迷人的孔雀这一类型的说服技能。或许这个类型并非你的强项，或许你时常要去说服的人，比如经理、团队成员和家庭成员，他们的主导类型就是魅力迷人的孔雀，你想以最适合他们的方式去说服他们，又或许，魅力迷人的孔雀就是你的强项，但你想通过点燃热忱与激情的方式来增强自己的说服力。（你认为威廉·莎士比亚的《皆大欢喜》中最好的一句台词就是："世界是一个舞台"。）

魅力迷人的孔雀是以魅力度为说服偏好的类型，之所以用魅力迷人形容他们，是因为他们能博人关注、散发魅力、鼓舞人心。本章内容旨在帮助大家发掘自己内心那只魅力迷人的孔雀。

为何要培养你心中那只魅力迷人的孔雀?

我的演讲技巧培训课上有一位工程师，他跟我说："我是工程师呀，米歇尔。我用得着为人幽默风趣吗？"他是认真的吗？这是典型的误解。总有人认为，只要凭借自己出众的智慧、专业的技术和冗长的幻灯片在会上发言，就能说服对方，这位工程师绝非个例。以技术或干巴巴的主题为说服内容的人理当尽其所能，做到有趣吸引人啊。

人们（以聪明睿达的猫头鹰居多）总觉得，自己的数据最有卖点，其实并非如此。数据是没有生命的。满屋子的客户或相关方，每个人都会根据自己的人生经历和价值观从不同的角度去审视数据。真正能让会上所有人踏上数据之旅的是你的故事和非凡的表达技巧。能吸引注意、激发人们对观点产生热情的发言者才有说服力。事实是，我们都需要一点魅力迷人的孔雀的能力来成功说服他人。

我们都参加过无聊透顶的会议、社交活动或是对话，其间的发言者喋喋不休。他们的内容很有条理，他们的知识和专业性也显而易见，而且他们似乎真的是个很不错的人。但是，实在是太无聊了。就算你再聪明，你的研究再有力、你的观点再确凿，没人听又有什么用?！你或许是整个会场上最聪明、经验最丰富的人，但要是你讲的东西没人听得进去，那你是说服不了谁的。要是你能满怀热忱和激情、富有感染力地演讲，人们会坐直竖起耳朵听你说话的，哪怕是技术性很强的内容，他们也会觉得很有意思。

诀窍

米歇尔有言：

“你的内容再好，没人听也白费！”

魅力迷人的孔雀以其气质、姿态、手势、声音、眼神等来持续吸引相关方的注意力。魅力迷人的孔雀会调动潜在客户或相关方的感官。用热情洋溢、魅力四射、满腔热忱来形容他们绝不为过。

培养点燃热忱和激情的能力

要想点燃热忱与激情，释放你内心那只魅力迷人的孔雀，以下几点可供参考：

- 提升魅力。
- 信心满满。
- 充满激情。
- 善于表达。
- 提高语速，发声准确。
- 重复说辞。
- 调动感官。
- 乍见生欢。
- 制胜着装。
- 巧言妙语，流畅表达。

本章接下来的部分将细致讲解上述每一点，助你养成这些新习惯。

提升魅力

魅力能让你更有说服力。充满魅力的人有着让人难以抗拒的吸引力，能激发他人的忠诚心与认同感。他们总能在传达观点的过程中彰显颇具感染力的热情，能用自己那迷人的个性和魅力赢得他人的支持。一个有魅力的人不仅讨人喜欢，还会让人愿意与之相处。我认识的每一位成功人士都有一定的魅力，而且特别擅长说服他人。一个有魅力的人不论观点如何，都会更值得信赖。

魅力是一种引人注目且受人青睐的特殊品质。某些理论学家将魅力称为一种“气质”。作家兼活动家玛丽安娜·威廉森（Marianne Williamson）有言：“魅力是一种千金难买的闪光点。它能以无形的能量，产生可见的影响。”吸引、诱人、迷人、着迷、个性十足、魅力四射都可以用来形容魅力。谁不想用这些词来形容自己呢?

富有魅力

如果想让他人觉得你魅力无穷，你可以在以下三方面下功夫：

1. 亲和力。

2. 气质。

3. 魄力。

由于蔼然可亲也是彬彬有礼的鹦鹉的一大特质，所以与亲和力相关的内容可以参考上一章的内容。下文将详细讲解怎样让你气质出众、魄力非凡。

魅力四射的气质

迷人的孔雀通身散发着魅力四射的气质，走到哪儿都是人群的焦点。在人生的长河中，他们以魅力引人注目、以魅力倾倒众人。

气质彰显着你的仪态、信心和态度，其特点是行动的流畅度。想象一只天鹅沿着水面游动。它们是那样镇定、宁静、平稳。水下，天鹅的脚掌在不停地划动，但你唯见水上优雅之姿，不见水下汹涌之态。气质出群的人就如同天鹅般始终维持着表面的波澜不惊。

注意以下几点，你就能彰显出魅力四射的气质。

- 仪态：仪态与你的姿势和处世方式有关。该气质会让你看起来神情专注、优雅和谐，仿佛处于一种平衡的状态之中，就像刚刚提到的天鹅或是踮着脚尖的芭蕾舞者。要改善气质，你就得尽量规避紧张的行为，比如抖动或是缩着身子。核心一定要挺拔，肩部要有力地向后舒展，手部动作要优雅、流畅。
- 信心：相信自己的技术和能力很重要。积极看待自己的长处。带着坚定的信念沟通会让他人对你产生信任感和艳羡之情。（详见章末的“信心满满”一节，以获取更多相关信息。）
- 冷静：气质迷人的人能在压力面前保持镇定自若。他们清醒专注、心无杂念，无论何种情况他们都能随机应变。他们很难在争论或热议时自乱阵脚，因为他们总能三思而后言。（关于冷静，详见第七章，以获取更多信息。）
- 优雅：优雅便是行为举止落落大方、彬彬有礼。永远为他人着想，大气慷慨，减少冲动言论或行为。这样在他人眼中，你始终都很端庄自持，而非拘谨扭捏。

- 专注：要想让自己如天鹅般“表面波澜不惊”，就要保证自己“眼观六路、耳听八方”，时刻集中注意力。屏蔽任何分心之事，大大方方地注视着对方。这样，对方就会觉得自己对你很重要，觉得你乐意和他们相处。

雅尼娜（Janine）的故事

我的朋友雅尼娜是位领导力培训师，无论是在战略层面还是在运营层面，她对企业问题和人力资源管理策略都有着透彻的理解。毋庸置疑，雅尼娜气质迷人。虽然人们总说她“喜气洋洋”的，但她也展现出超群的冷静沉着与深思熟虑。她总是三思而后言，或者只说自己信得过的内容。她会保持沉默以示尊重，暗示你说话时她在认真倾听、思考你的观点，而且她只会在自己的观点无懈可击时才会开口。她的优雅、冷静和坚定非常有说服力。

雅尼娜的这些品质也是日积月累之下才形成的。她觉得是自己记工作日志的习惯造就了她言之有物的能力。她的日志帮她整理了工作生活中的核心问题、提炼了思绪。

试一试

在日常生活中，更多地展露出优雅的仪态、自信、冷静、优雅和专注。

魅力十足的魄力

个性强大的魅力人士能抓人眼球、迷住他人。他们能用自己的热忱与激情感染他人，让人为他着迷。看看马丁·路德·金（Martin Luther King）、圣雄甘地和纳尔逊·曼德拉（Nelson Mandela）这些领导者们是怎样吸引追随者并影响他们言行的，你就懂了。

什么是魅力十足的魄力？它关乎你的自我信念和内在信心。这是你由内而外散发出的特质，让每一个见到你的人都觉得你很成功。

如何让自己展现出更多魅力十足的魄力呢？如果你不确定自己是否散发着这种魄力，你可以通过注意以下几点来彰显魄力：

- 自信。
- 姿态。
- 眼神交流。
- 讲故事。

自信

你见过孔雀开屏绽放亮丽的羽毛吗？它们开屏时不会显得很刻意，而是笃定人人都在看着它们、都在欣赏着它们。它们浑身散发着令人难以企及的自信，因为最亮眼的孔雀会获得奖励——受到母孔雀的青睐，从而得以繁衍后代。魅力迷人的孔雀们在职场上也是如此。他们从内心深处散发出自信的光芒，掩盖住了内心深处的害羞。握手时，他们稳定有力。自我介绍时，他们会自信而口齿清晰地介绍自己的姓名、所属的公司和此行的目的。他们步幅更大、肩膀后展。他们在会上发言时总是以自信之姿和十足的魄力言之有物，让人深受启发、大有裨益。

小秘诀：如果你想让对方感知到你的魄力，请注意自我介绍的方式。不要只说名字，这样容易被人遗忘。你可以这样来介绍自己："你好，我叫米歇尔，米歇尔·鲍登。"（就像著名的"我是邦德，詹姆斯·邦德"）我重复了自己的名字，这样对方会听到两遍。工作中，我会自信且热情地点头，然后说："您好，我叫米歇尔，米歇尔·鲍登，说服力演讲技巧培训师。"当我想给某人回电时，我会以自信且令人印象深刻的语调说："您好（对方的名字），我是米歇尔·鲍登（停顿），说服力演讲技巧培训师，我在此给您回电。"

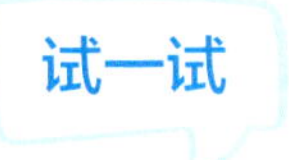

练习以自信的语调和充满魄力的神态做自我介绍，力争给他人留下深刻印象。

姿态

自信的姿态意味着你的地位高过大多数人，且你对他人价值甚高。自信之姿促使你用腹式呼吸，声音饱含肯定与信念。

它既能让你内心平静且坚定，还能让你的外在卓尔不群。

若想彰显魅力十足的魄力，就要展现自然的姿态，即挺直腰板、居高临下的姿势。自然的姿态（不论是坐还是站）需要双脚平放地面、核心收紧、肩部后展。坐着的时候要把双手置于面前的桌子上（不要把手藏到桌下）。

费利克斯（Felix）的故事

费利克斯在身体不适时参加了一项重要会议。如果感到疲惫或虚弱，你的身体核心就会塌陷，从而使你的整体仪态垮下来。费利克斯的情况就是如此。就因为他身体不舒服，整体仪态很颓废（不端正），导致同事们以为他有些筋疲力尽、力不从心。对于这次会议，费利克斯进行了反思，他觉得自己没能成功说服听众。

我敢肯定，你自己核心虚弱的时候，也有类似的感觉，看起来很脆弱。这对说服他人非常不利。你要么努力收紧核心、肩部后展，要么推迟会议，直至自己由内而外散发着强大的气场和自信。

尽己所能以安全的方式强化身体核心，你可以试试

仰卧起坐、瑜伽或是普拉提。强壮的核心能赋予你内在实力，而这份内在实力能增强你的心理和情感自信。

眼神交流

魅力迷人的孔雀深知对话时保持眼神交流，是在表明自己蔼然可亲、妙趣横生、自信满满，准备好了接受他人的瞩目。早在1978年，理查德·特斯勒（Richard Tessler）和莉萨·苏塞尔斯基（Lisa Suchelsky）两位研究员称，对方是否真的在我们讲话时看着我们，是我们评判对方的依据。

趣闻：尼古拉·比内蒂（Nicola Binetti）及其同事在2016年的一篇研究论文中发布了他们的发现，即人们更喜欢3~9秒的眼神交流。之后你就要转移一下视线——盯着对方看太久会很诡异。

讲故事

魅力十足的人都很会讲故事。他们知道如何用故事去阐述几乎每一种情况。讲故事的时候，他们声情并茂、信心十足、激情满满。他们能让人沉浸在栩栩如生的故事当中。

让故事引人入胜、记忆深刻的关键点在于，你要对世间正在发生的事情了如指掌。在对话中引入发人深省的故事会让你很有吸引力。讲故事会增强你的魄力，因为你能自信地融入周遭的对话当中，但也要小心，不要说太多，要仔细倾听。在相关的对话中加入一个小故事、一个例子或是隐喻，就能让你的讲述变得妙趣横生、令人难忘。

如果你恰巧认识某个富有魅力的人，那就可以学学他们的某些特质。这样，培养自己的魅力就更容易了。他们的言行举止你不用全盘接受，只选出几种适合你的个性、对你和相关方都有用的就可以了。如果你身边没有可以称为魅力迷人的家人、朋友或同事，你也可以看看美国前总统贝拉克·奥巴马（Barack Obama）或苹果公司创始人兼前CEO史蒂夫·乔布斯（Steve Jobs）等富有魅力的领导者的视频。重点是，我们都能培养出魅力。关键在于，一步步掌握、慢慢来。

信心满满

自信显而易见，且能吸引他人，是说服力的必备要素。我做演讲技能培训师这些年，每年都会有上千人跟我说他们想变得更自信。但我们清楚，出于种种原因，大多人很难轻轻松松变得自信。罗马政治家兼哲学家马库斯·图利乌斯·西塞罗（Marcus Tullius Cicero）曾有句至理名言："如果对自己缺乏自信，你就会在人生的竞赛中经历双重的失败。若以自信之姿，你便赢在了起跑线上。"魅力迷人的孔雀怀有一种能轻松传达给他人的内在自信。

自信就是相信自己值得拥有。你能行。虽然你偶尔会经历自我怀疑，但若能怀揣自信，你便总能与自我和解。

决窍

米歇尔有言：

"自信就是相信自己值得拥有。你能行。"

增强自信

以下内容介绍了如何在职场和生活中增强你的整体自信心。如果每天践行这些建议，你会发现自己的自信心在稳步提升，也会见证自己在说服他人时成功的变化。

用语要明确

自信的人说话时不会模棱两可。他们会以清晰、简洁且坚定的语调表达。他们不会用诸如“差不多”、“有可能”、“我猜”或者“好像”这类的模糊词语。他们会用肯定的表达，如“就是”“将会”“我知道”。他们也不会用“东西”“什么”“等等”这类的非确切词汇。说这些词没人会懂你到底什么意思。

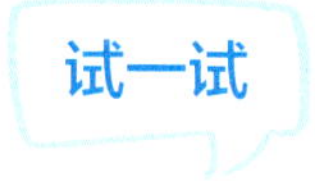

今天，努力使用明确的词汇来彰显自信。

肢体语言

我们自信时和紧张时的肢体语言是有区别的。很多人一眼就能看出我们是焦虑、放松、外向还是强势。要想用肢体语言彰显自信，就不要双手插兜或叉腰，不要交叉双臂，要挺直腰板、昂首挺胸、大步向前，用腹式呼吸，与人坚定握手。上述这些若是都能做到，那你就会爱上自信的感觉。

注意仪表

你的头发、脸蛋，甚至你的气味都要对你有所助益，而不会妨碍到你。要注意细节。要按时洗澡，用能增加吸引力的香水。发型要适合脸型，穿搭要适合身材。还要记住——最让你看着蓬头垢面、毫不专业的形象莫过于肮脏的指甲和鼻毛或耳边的碎发。

衣冠楚楚、打扮整洁表明你有自尊、守纪律、注重细节。这些都是他人青睐的品质。如果不注重自己的仪表，别人就很容易分神。想了解更多相关内容，详见后续的“制胜着装”。

诺曼（Norman）的故事

诺曼是一位苏格兰裔的澳大利亚医生兼澳大利亚广播公司的记者，以其对新冠病毒的评论和见解深受澳大利亚观众的欢迎。澳大利亚人一旦想知道世界的情况如何以及后续的安全做法，就会问诺曼。诺曼打扮得整洁得体、胡子刮得干干净净，讲话时上镜效果完美无瑕。他经常穿深色西装搭配合适的衬衫和领带。他看起来相当专业、聪慧，给他人值得信赖的感觉。诺曼一开口，你不会被他的外表分神，而是会专心聆听他的讲话。

澳大利亚的一位传染病专家则与诺曼的影响力形成鲜明对比。新冠疫情在澳大利亚爆发之时，她频频出现在媒体上，在时事节目中发表疫情相关的见解。在这些出镜中，马西头发凌乱、衣着不整、皱皱巴巴，也没有主动遮一遮因为疲惫、过度劳累而形成的眼袋。这些仪表上的问题让观众们无法专注于她的发言。

很遗憾，我们生活在一个看脸的世界，人们总会觉得诺曼比马西更有说服力、更值得信任。

所以，今天你能做些什么让自己的仪表提升呢？

微笑

你有没有试过边微笑边消极思考、边微笑边伤心难过？绝对没有，因为这不可能实现。微笑会因大脑与身体之间的联系而影响我们的情绪，即微笑这一肢体语言会触发左前额皮质（大脑中产生幸福感的区域）产生可衡量的科学活动。喜剧女演员菲利斯·迪勒（Phyllis Diller）曾说过："微笑是抚平一切的曲线。"所以，要经常微笑，你就会感到更自信，也会增强自己的说服力。

保持直接、持续的眼神交流

就在前面，我提到眼神交流能培养魅力十足的魄力。它对自信度也有着类似的影响。自信的人会和他人有眼神交流。你的眼神交流能反映出你对对方或听众的感兴趣程度。人们都说："眼睛是心灵的窗户。"眼神交流能让你与对方缔结深入的联系。眼神不要飘忽不定，要持续望向对方，直到与人建立联系。

心怀感恩

发自内心的感激是一种深厚的情感。与强迫性感激不同

（你本来感觉很糟糕，但迫使自己去思考积极的一面），发自内心的感激是一种赏识，是一种让你感觉无与伦比且更为自信的生命的联结。

小秘诀：做志愿服务能增进你内心的感激之情，因为它能让你与更崇高的事业联系在一起。

试一试

试着以某种方式为更崇高的事业做贡献。在做贡献的同时，你也会因为见了更大的世面而加深感激之情。

你也可以开始记一本感激日记，把你每天心存感激的事情全部写下来。每天记下心存感激的 7 件事，这个习惯我已经保持很多年了。它让我的内心积极自信，也让我从外表上看起来更为自信。

善用制胜法宝

很多优秀的商业演讲家会用到所谓的“制胜法宝”来帮他们“进入状态”。我常常会幻想温暖的阳光透过我的身体照耀在听众身上。我的一位客户总会涂上大红色的口红出席会议。一位经理会在培训课前会播放特定的歌曲给自己打气。我有很多朋友会穿特定的内衣来提升自信。美国知名演讲家兼培训师卢·赫克勒（Lou Heckler）曾向我坦言，他演讲的时候会想象自己在和妻子聊天。所以你可以看到他在台上时，眼神中满是柔情。这真的很有力量。当你察觉自己身处极具挑战性的对话中时，请尝试找出你的制胜法宝并用起来。

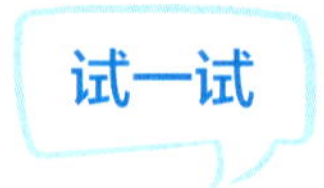

每天尝试运用本节中提升自信心的技巧。比如：

我要练习腹式呼吸（特别是在重压之下），使用明确的语言，保持整洁的仪容，多微笑，与对方进行眼神交流并在对话中真真切切地看着他们。我还要在日记中记下每天心存感激的 5 件事，用特定的口红或穿特定的袜子来撑起自信。

确保自己把要做的事写在纸上，把行动记在线上日历里会更好。这样它就会弹出提示，提醒你践行计划。记住：你的目标是每天只提升 1% 就好了。

充满激情

魅力迷人的孔雀浑身上下都散发着激情。激情能让你更加积极，能赋予你更多能量及更多富有感染力的自信心。激情会为你做的每件事带来活力。早在 18 世纪，德国哲学家格奥尔格·威廉·弗里德里希·黑格尔（George Wilhelm Friedrich Hegel）曾说：“世界上任何伟大的成就都离不开激情。”美国电视名人奥普拉·温弗瑞也表示认同，她说："激情便是能量。专注于能让你感到兴奋的事物，并感受从中迸发的力量吧。"激情洋溢时，你会感觉非常棒，你的观点会无懈可击，你的相关方也会感觉好极了（因为激情、乐观和兴奋感都是非常有感染力的），人人都会是赢家。

趣闻：研究也表明，激情洋溢的人大脑中的催产素和多巴胺这两种神经递质的含量更高。这两种神经递质释放得越多，你就容易满怀激情。是的，激情会改变你大脑中的化学物质，让你更频繁地感受到激情。

你会自然而然地为满怀激情之事倾注更多的承诺与精力。希腊哲学家亚里士多德有言："工作乐在其中，才会精益求精。"找到自己的热忱与激情是说服他人的必要环节。

激情是一种强烈的感情或欲望。你可以对某种想法、产品、服务、工作、爱好产生激情。

更有激情

提升激情的方式有很多。分别是：

- 远离能量吸血鬼。
- 表达自己。
- 放手去做。
- 坚持下去。
- 感到兴奋。

下面逐一进行详细阐述。

远离能量吸血鬼

罗迪·麦克林（Rowdy McLean）是我的朋友兼励志演说家，他把能量吸血鬼称之为“盗梦者”。你知道他说的是谁（那些人会让你觉得你感兴趣的一切都是荒谬的，都是永远无法实现的）。能量吸血鬼既可以是人，也可以是其他。以下是几种远离能量吸血鬼的方法。

- 人：找出生活中影响你情绪、让你感到压抑或缺乏活力的人。他们可能是家人、同事，甚至是某位客户。要么完全减少与他们相处的时间，要么只在特定的时间段内和他们待在一起。举个例子，梅根（Megan）是妈妈团的一员，但这个团队榨干了她的生活。团里的妈妈们都是很可爱的人，但整个团队让人疲惫不堪。每次参加完，她都倍感忧伤、兴致缺缺。梅根意识到参加妈妈团的活动对她和儿子都没什么帮助。于是，她便做出了一个艰难的决定，彻底与整个团队断了联系。她的自信和活力立刻就恢复如初了，她再也没有重蹈覆辙。
- 其他：你的工作、爱好，或是参加的社团也可能会是能量吸血鬼。打个比方，有个人叫詹姆斯，他人很好，特别聪明、风趣幽默，但是，可怜的詹姆斯，他的工作无聊到差点让他落下眼泪。要我说啊，詹姆斯还是赶紧换份工作吧。

某些情况下，你不得不坚守着一份不满意的工作。原因可能是：它是跳板，你急需钱，或者你需要积累经验才能去往心仪的地方。如果是这样的话，那最好还是找出工作中的最可取之处，埋头苦干、力争成为行家里手。抱怨是没用的。如果你能离开当下无聊的工作，那一定要走。干坐在那儿等着奇迹发生是万万不可的。

表达自己

魅力迷人的孔雀通过个人品牌和观点看法来表达自己。

- 品牌：我通过抹粉红色的口红来展示自己。只要挑出让自己快乐、最能表现“你自己”的点就好了。
- 观点：陈述观点时要自信勇敢。传达思想时，你的言行举止要富有表现力、引人入胜、无懈可击。

放手去做

不要光说，要行动起来。激情洋溢的人会用行动去追寻其热忱。他们一诺千金，而后会承担必要的风险，以确保项目顺利进行。

坚持下去

并非所有让你激情满满的事情都是易事。不要放弃。守住自己的激情，直到你能进入一种“收放自如”的状态，这会让你更加享受激情。

感到兴奋

有时我们会倍感兴奋，但又害怕真情流露会被认为是“激动过头”。信心满满地面对自己的热忱所在，让兴奋之情自然流露。不要担心被人评判。

试一试

试想一下自己的热忱所在，然后多多做这些事。比如，你喜欢艺术或是小动物？你有什么爱好？丛林漫步、烹饪、运动还是园艺？

把这些热爱之事多多纳入自己的日常生活中来。

渐渐多花些时间做有趣的事，增加与所爱之人的相处时间。

假以时日，你就会发现自己对爱好或追求的热忱与激情会渐渐融入生活的其他方面，他人也会觉得满怀激情的你别具吸引力。

善于表达

善于表达的人也会是幽默风趣的人。能言善辩的你在沟通时也会在情绪上感染到他人。同时，你还会更为自由。政治伦理学家圣雄甘地曾有言："自由才能让我充分表达自己的个性。"

你有没有过这样的经历？对方没有当面见到你或听到你的口头表达，而完全误解了你发给他们的邮件或短信内容？在面对面的交流中，如果你只听相关方讲话的内容，而不去关注和理解对方的表情和手势、不去倾听他们着重强调的词汇，你就很可能错失说服过程中对方的真实反应。

你可以从以下三个方面来提升自己的表达与沟通技能。

- 手势。
- 面部表情。
- 发声强调。

手势

手势，即通过手部动作来表达意义。随意与正式的手势都能让你所传达的信息活灵活现。

- 随意的手势：这是指边说话边“动手”。是的，你没看错，就是边说边摆手，没什么特定的目的。若想点燃热忱与激情，你就要接受自己边说话边摆手势的事实。但你的手时不时也要歇一歇。把双手放下，静置一会儿。做完手势再放下的过程被称作“到此为止”。这在说服他人时很重要，因为这能让对方从你的手部动作中休息片刻，转而关注你说的内容或你正在做的其他事情。
- 正式的手势：这是一种明确的手部动作，往往是对着镜子排练出来的。正式的手势用于强化某个特定的观点。例如，你说道：“这是针对……的一种整体做法。”在说“整体”这个词的时候，你就可以用双手做一个圆形的动作。排练手势是魅力迷人的孔雀必不可少的工具之一，也是点燃热忱与激情的关键方式。

用正式的手势时，你需考虑以下三件事。

1. 手势应强化你的观点。精心设计一下每个演讲环节中的最佳手势。

2. 给自己留出充足的时间对镜练习，优化手势。

3. 确保自己做手势时腋下空间充足，不要夹着胳膊，要让他人看清你在做什么，自己也要做出有意为之的样子。

面部表情

用面部表情说话是非常重要的。面部表情能帮助听众理解你的观点。面如止水、平静寡淡的面孔会非常沉闷，让人出戏。演说家、诗人兼散文家拉尔夫·沃尔多·爱默生（Ralph Waldo Emerson）有言："面无表情的美丽有些无趣。"一张随着情绪而动的脸是我们想持续注视的面孔。表情丰富的脸（担忧惊惧也有，兴奋喜悦也有）更是我们会想要一直关注的面孔。

说服他人时的面部表情要注意两点：一是真实性，二是相关性。要保证自己的内心始终流露出恰到好处的情感，也要保证你在讲话时，面部也呈现出这种情感。除此之外，还要关注相关方的反应，这样你在表达观点时就能和对方产生深刻的联系。这种方式就不会让你的面部表情"过于夸张"或破坏融洽关系。

趣闻：愤怒、喜悦、生气、悲伤，这些面部表情都是全世界通用的。不论你来自哪里，人人都能读懂你在经历这些情感时所呈现出来的面部表情。

发声强调

试着把句子中的重要词汇说得更大声一些，突出强调它们。要强调句子中恰当的单词，这项技能会提升对方对你的兴趣，并从中获取你实际想表达的观点。

说服他人时，表达能力不可或缺。妙语连珠对推销观点大有帮助。

诀窍

米歇尔有言：

“说服他人时，表达能力不可或缺。妙语连珠会对推销观点大有帮助。”

提高语速，发声准确

若你曾和一位语速很快、热情高涨的人交流过，我相信这段对话你肯定记忆犹新。美国前总统约翰·肯尼迪（John Kennedy）是历史上最具魅力的人物之一。他之所以能获得如此高的评价，其背后的原因有很多。其中一个便是，他说话语速很快，节奏流畅、清晰。据说，他常常能以每分钟 180 个单词的速度流畅地讲话（且不出任何差错）。这真是太快了。（对话的语速一般在每分钟 120~150 个单词之间。）人们还发现，肯尼迪及其疯狂的语言输出很有魅力。

有趣的一点是，肯尼迪也知道何时放慢语速，例如，他在就职演说中的速度就放慢到了每分钟 96 个单词左右。他这样做旨在认真强调信息中的含义。与之相反，你或许曾和语速很慢但表意不清的人交流过。他们说话的时候你很可能会感到无聊、思绪神游，开始想起了其他的事情，根本无心倾听。

正如肯尼迪所知，如果你的目标是为你的产品、服务或想法建立热忱与激情，较快的语速则是最合适的。如果你能快速并准确地阐述观点，人们就会觉得你更聪明、更有能力。1969年，艾伯特·麦拉宾（Albert Mehrabian，研究口语和非口语信息的相对重要性的专家）和马丁·威廉姆斯（Martin Williams）称，人们认为，与语速较慢、讲话卡顿的人相比，讲话声音更大、语速更快、更为流利的人会更有说服力。

这就意味着，语速和准确性在说服力中必不可缺。语速就是你每分钟能说多少个单词。准确性就是听众听到的词语有多清晰、精准。

掌握更快速、更精准的演讲

以下三点可以帮你逐渐提升演讲的语速和准确度。

1. 认真规划：仔细思考自己想说的话。我在第六章中列出了用“说服蓝图”构思说服性信息的最佳方式。

2. 熟能生巧：如果你已知自己要谈论的特定内容，那就练习表达。练得越多，你演讲时就会越快越准确。

3. 发音清晰：词语的发音要清晰明了，可以先给牙齿、嘴唇、脸颊和舌头热热身。

我们在疲惫劳累、工作过久及时间有限时，是很难在演讲之前进行上述的热身活动的。我们接下来会着重讲解“清晰度”这一重要的演讲要素。

如何热身，我有答案

为了提升口条，其中一种发声热身法就是吹树莓，用嘴唇做出橘子和豌豆的形状。此外，每天练习绕口令也是个好办法。一般来说，我建议你找各种各样、元音辅音混合的绕口令，这样你就能用各种不同的发音组合热身。

如果每天都能这样热身，你就会养成说话更快的习惯，你的话语听起来也会始终可信、权威。给大家讲个实例，安德鲁（Andrew）是我最喜欢的客户之一，他每天都会做发声热身练习。他发现自己的表达能力（快速、准确）以及传递智慧和信任的能力都有明显提高。

是不是总有人让你“放慢语速”？

如果你讲话很快，经常会收到“放慢语速”的反馈，别听他们的。如果有人因为经理说他讲话太快而来参加我的说服力演讲技巧培训课，我让他们每人给我1美元的话，我早就腰缠万贯了。

讲话快的人经常会被要求放慢语速，但这并不是个好建议。在我长达数十年的说服力演讲技能培训课上，我发现，语速快的人往往思维也快。如果你讲话快，放慢语速就会导致你的思维放慢。有的时候，放慢语速甚至会妨碍你思考。所以不用放慢语速，你可以尝试在快速讲话的间隙停顿更长的时间。对思维敏捷者和语速较快者而言，这是很可行的方式，也是更有用的建议。

试一试

如果你语速较快，你可以练习在快速讲话的间隙停顿更长的时间。这样你的相关方就可以利用你的停顿来思考你刚刚的发言。

维贾伊（Vijay）的故事

我有个客户叫维贾伊，他是一家大型企业的中层经理。他来找我帮忙，他说他很讨厌自己的讲话风格。有一位高级经理曾（一度愤怒地）建议他“放慢语速”。维贾伊为此努力了数月，可最终还是无济于事。尽管他尽全力降低演讲速度，但他说话还是和之前一样快。他向我解释说，他一兴奋，语速就会变快，一想放慢，就完全失去了思考或说话的能力。于是他也对演讲主题失去了兴趣，同事们也觉得他的演讲乏味极了。

我向他解释道，他的问题不在于语速快。语速快是高智商的体现。他要做的就是在讲话的间隙停顿更久的时间。他为此练习了数月，并在最终收获了那位经理非常积极的反馈，而且还发现他的表达能力有了大幅提升。

由此可见，维贾伊并没有真的放慢语速。他讲话依然很快，只是中间停顿的时间变久了。这让他有时间好好呼吸，也让经理有时间思考维贾伊刚刚的发言。双方实现了共赢。

重复说辞

很多人讲话时句子冗长乏味，没什么起伏，也缺乏重点。这就很难让人一直听下去，更别说认同你的观点了。重复说辞就是重复自己已说或已写的内容，这个方法非常强大，能帮你强调关键数字、信息和观点，从而让对方记住这些重点信息。英国前首相温斯顿·丘吉尔就曾建议道："如果你想传达一个重要的观点，那就不要隐晦表述或自作聪明，要像打桩机一样，强调你的观点，回过头来再强调一遍，之后再强调第三遍。"

珍娜（Zenna）的故事

珍娜是一位高绩效的银行优秀职员，也是我的一位客户。在她近期举办的一次会议上，她用重复说辞法反复强调，自己主张的不是"老一套"的战略。她主张的战略，既新颖别致又能让人激动人心。珍娜说："欢迎大家今天前来参加2022财年战略会议。本次会议将为大家介绍全新的，是的，全新的工具和工作方式，从而改善并加强我们与相关方的关系。"

简单的重复词汇就强化了她的观点是"全新的"。

运用重复

你可以通过以下两种方式重复说辞，释放你内心那只魅力迷人的孔雀：重复字眼和重新措辞。

下面将详细阐述这两点。

重复字眼

这是指将观点、句子、建议或数字原封不动地重复两遍，说完第一遍的几秒内，就重复第二遍，就像刚刚珍娜的例子一样。丹尼斯·福克斯（Denis Fox）是我的客户，他曾在一场全公司范围内除旧迎新的演讲中反复强调了一条关键信息，即“卓越的人创新不止”。会后我问听众，他们对丹尼斯的演讲，印象最为深刻的内容是什么，他们都立刻回答说：“卓越的人创新不止。”这就是他的中心论点，也是他召开大会的原因所在。听众们都记住了。任务完成。

在会议或对话中重复关键数字也是很好的方法。请看以下两个例子。

我女儿马迪非常擅长公共演讲。10岁那年，她参加了澳大利亚新南威尔士大学议会大厦举办的Bear Pit公共演讲大赛（针对小学生的演讲比赛）。她一路杀进了决赛，最后成功获胜。下面是她演讲的开篇，其中就巧妙使用了重复的技巧：

> 最近在凯恩斯，有一头鲸鱼搁浅了。很不幸，它后来丧生了。看到现场的环境，科学家们痛心不已。究竟是哪些原因导致这些美丽的生物搁浅呢？科学家

> 认为最好对其进行尸检。当他们查看鲸鱼的体内时，竟发现它的消化系统里（停顿）被塞了6平方米的塑料袋。6平方米啊！

在这个例子中，发言者通过重复和强调，让你记住了6平方米的塑料袋的事实。马迪怎么可能不获胜呢？

再看个例子。卢奇卡（Ruchika）是我一位很聪明的客户，她从事数据分析工作。以下是她在一次重要演讲中打破沉寂的话术，目的是想说服管理团队改变报告方式：

> 大家知道吗？画面数据提取得花上2个小时才能刷新。这会使我们的画面报告控制面板每周延迟40%。是的（停顿），40%。大家好，我是卢奇卡。让我们来看看如何在几分钟内刷新画面提取数据吧。

同样，从这个例子中你也可以看出，重复关键数字产生了强调效果，让卢奇卡的演讲更引人入胜。下次你也试试重复说辞，这样你就能更有说服力了。

重新措辞

重新措辞就是再次强调重点，但表述与之前不同。例如，第一次提到观点时你单纯叙述。第二次再提到时，你可以展示一张图表来阐明观点，或者讲个故事来强化观点。

小秘诀：不管你用哪种重复技巧，每个观点最多重复3次。

试一试

下次再和人交谈时，试着用重复说辞法强化你的关键点。

调动感官

说服他人时，关键是要认识到，每个人学习、理解信息的方式不尽相同。有的人以视觉为主，有的人以听觉为主，还有的人更偏向动觉（或触碰、动作和情绪）。有的人味觉很敏感——以味觉为主，有的人嗅觉很灵敏——以嗅觉为主。用不同的方式调动感官，会给对方留下更深的感受，正如卡尔·W. 比纳（Carl W. Buehner）所说："你所说的，他们或许会忘记；但你给他们的感受，他们绝不会忘。"

人们会调动各种不同的感官，但他最偏好的一般只有一两个。有趣的是，某项活动期间，一个人的感官偏好会因任务的不同而变换。打个比方，你在家放松的状态下会调动动觉——视觉，工作中你会调动听觉——动觉。根据活动的不同，你的感官偏好也会发生相应的改变。

说服他人时调动感官

现实生活中很难找出对方的感官偏好。因此我的建议是，在说服他人时，你要尽可能调动多种不同的感官。

下面将具体介绍如何在沟通过程中调动对方的视觉、听觉和动觉。

调动视觉偏好的人群

偏好视觉的人对自己的外表非常自信，他们的桌面往往相当整洁，人也特别注重细节。但他们经常记不住对话的内容。

如果相关方偏好视觉，说服他们时就要用到幻灯片、手势、动作、图表、海报、道具、讲义、视频和眼神交流，同时还要注意个人形象方面的"细节"（例如，鞋面抛光、头发梳顺、衣服熨平整），还要快速直奔主题，因为视觉偏好型的人往往处理信息的速度比较快，不喜欢浪费时间。你可以用一些视觉词汇，如"看""显示出""生动的"。

调动听觉偏好的人群

听觉偏好型的人在获取信息时往往会左右移动眼神。他们不会一直看着发言者，可能会偏过头，让耳朵作为获取信息的主要渠道。他们很容易受到噪声的干扰，经常从胸部中间呼吸。听觉处理者通常具有"能言善辩的天赋"，他们发音优美，说话时会搭配不同的音高、音量和语速。

如果相关方偏好听觉，你可以用音乐，也可以采取变换语速、语调和音高的方式去说服他们。你还可以提问，让他们发表自己的见解。你要在音域、语调、气势和清晰度上下功夫。要停顿，要用到重复说辞和头韵（连续的词语以相同的发音开头），也可以用首语重复法（连续的句子以相同的词或短语开头）让演讲更有气势、更令人印象深刻。尾语重复与首语重复相对，即连续的句子以相同的单词结尾。例如，美国前总统贝拉克·奥巴马在其2008年的大选演讲中，很多句子都用“yes we can（没错，我们行！）”结尾。最后，你还可以用一些听觉词汇，如“听”“讨论”“共鸣”。

小秘诀：听觉偏好的人在你讲话时主要用自己的耳朵听。若是他们的眼神看向别处，把耳朵朝向了你，你可千万别失望。

调动动觉偏好的人群

动觉偏好型的人会对触碰、动作和情感做出反应。他们会从肺底部呼吸。他们行动、走路都很缓慢，穿着打扮以舒适为主。他们会对触碰和身体感觉做出反应，常常可以用“感情外露”去形容他们。很多动觉偏好者在说话时会站得离你很近，还会经常触碰你。

如果相关方偏好动觉，你在说服他们时可以微笑、称呼对方的名字、握手、使用样品或传递道具，还可以让他们做笔记，可以让他们参加角色扮演或小组讨论这样的活动，可以给他们发讲义或手册。你还可以用一些动觉词汇，如“感觉”“热情”“激烈”。

小秘诀：不要指望动觉偏好的人会立刻做出回应。他们需要时间专注、思考、处理你的信息。对他们而言，当场做出决定很困难，因为他们往往需要“再三考量”。

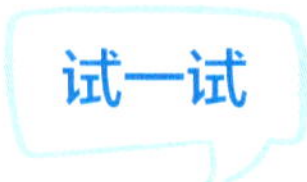

下次你再参加会议或与某人对话，想一想你可以采取

的一个视觉行为、一个听觉行为和一个动觉行为。这样无论对方的个人感官偏好是哪一种，你都能调动相关方。

乍见生欢

我们总是会在见面时情不自禁地评判对方。社会心理学家兼研究员娜里妮·安贝迪（Nalini Ambady）将这种快速评判的初印象称为“切薄片”，即我们根据非常有限的信息（譬如对方的长相或面部表情）快速形成对某人的一般特征和预期行为等方面的看法。

为进一步探索这一观点，行为调查学家瓦妮莎·范·爱德华兹（Vanessa Van Edwards）研究了为什么有些 TED 演讲评分更高。她发现，“听众在视频的前七秒就对发言者和整场演讲做出了评判”。

千万不要以为这只发生在 TED 演讲中。换言之，他人在看到你的第一眼就形成了对你的第一印象。最新的研究表明，在见到你的前 7~9 秒，人们就会得出对你的看法。这完全基于你的外表——是高是矮？是胖是瘦？漂不漂亮？帅不帅气？穿着讲究还是随意？戴不戴眼镜？发色如何？肤色如何？体味如何？“气场”如何？虽然人人都说不能以貌取人，可事实却是，大多数人都看脸。

米歇尔有言：

“虽然人人都说不能以貌取人，可事实却是，大多数人都看脸。”

一旦你的相关方或潜在客户在初见你的 7~9 秒内，关注到了所有你表面呈现出来的东西，他们会用接下来的 25 秒注意另 3 件事：

1. 你的动作自然、流畅吗？换言之，你的动作很得体吗？还是你看着很拘谨？

2. 你的眼神交流直接、持续吗？我们之前讲过好的眼神交流有多么强大，对第一印象来说也是如此。

3. 你的声音有多低沉、浑厚、洪亮？声音浑厚、洪亮的人要比声调很高或鼻塞的人听着更有权威性、吸引力和可信度。（详见第七章，了解有关发声的详细内容。）

出于上述原因，在走出家门之前，你就要“气场全开”。因为每次你结交新友，都会给人留下不同且持久的第一印象。

了解如何留下良好的第一印象

有很多方法可以让你留下绝佳的第一印象。

- 相信自己：连你自己都不相信自己，那谁又会相信你呢？每个人都有闪光点，尽己所能坚信自己足够优秀。
- 昂首阔步、自信满满地走向对方：肌肉控制得好的人要比行动“散漫”的人看着更自信、更令人印象深刻。

不管你实际身高、体重各是多少，尽量做到挺拔、有气场。

- 肩部后展，挺胸抬头：站姿强势（让你感觉且表现得更为自信的站姿）能为你增添气势，还能向潜在客户彰显你对自己的信心。我总对我客户说："胸要挺到天上去！"
- 微笑：是的，没错，微笑是第一印象的重要一环。作家安东尼·安吉洛（Anthony D'Angelo）曾说："微笑，是打开每个人心灵的钥匙。"
- 记住对方：一到现场，马上要见到他人的时候，大脑就要立刻切换，这样你才能记住他们的名字。要记住与他们有关的内容。（详见第八章，以获取相关的妙计。）通过记住对方的姓名和重要事实来展现自己的关心，这是一项很好的品质，也能为你加印象分。
- 积极问候他人。你可以说"我很高兴见到你""即便我们并不相识，但我很关注你""我非常想要认识你"。握手时则要坚定有力。不要比力量大小，把对方的手翻过来以示自己力气大。握手要秉持着平等尊重的态度，上下晃动两次就够了——握太久会非常诡异。握手时还要看着对方，同时称呼他们的姓名。这都是同步进行的。

  小秘诀：握手之前要先站起来，这是礼貌问题。
- 给声音热身：声音浑厚、响亮的人比音调较高的人听起来更有权威性、更令人印象深刻。说话前先张大嘴巴，打几个哈欠。

- 以清晰、自信的语调介绍自己的姓名：很多人会含糊地给出自己的名字、产品名和公司名。自信地陈述关键细节是获取好印象的关键。对镜练习或录音，这样你就能听到自己的声音。保证自己声音清晰能给人留下深刻印象。
- 讲话时直视对方：直接、连续的眼神交流就仿佛在说“我在认真倾听，此刻，只有你我，你说的内容对我很重要”。（详见第八章，了解更多有关眼神交流的内容。）
- 心存感激地给予和接受赞美：他人称赞你时，你可以说“哪里哪里，真的谢谢您。的确，……（说点有意思的内容）。”“哦，谢谢。这是我四岁起就认识的一个老朋友给我的。”“哪里哪里，谢谢。我研究这个有段时间了”。有时，你甚至可以在收到称赞时也回馈对方一个，例如，“哪里哪里，真是太感谢您了。真的，我特别感谢您对我们项目的投入。”“哦，您真是太好了。我还在想呢，咱们要是一起弄这个项目就好了。”“太棒了，谢谢。你真是行家！”。
- 找寻共同点：我们更容易记住我们自认为和我们“相似”的人。向对方提问以示自己真心对对方感兴趣，看看能否找出相同点。（有关这一点以及如何建立融洽关系，请参考第八章的内容。）
- 善于交际：人际交往是一门为了共同的长远利益而了解他人的艺术。我们时时刻刻（往往自己都意识不到）都在与朋友、家人、同事和伙伴进行交际。当你在人际交往的场合以正当的手段崭露头角，你就会是被人记住的那个。这会让你更有说服力，也让你的人生拥有更多的机遇。

上述的大多数建议都在本书的其他章节中讨论过，或者相对来说是不言而喻的。人际交往有时的确棘手一些，所以我们针对这一点再展开讲讲。

变身交际达人

人际交往有很多微妙之处。你需要重点关注以下几个主要领域。

- 规划：做好调研。获取代表名单，了解与会人员。找出最适合结交的人选，让你这次参会的经历收益最大化。他们的企业需要什么？你是帮助他们的合适人选吗？参会前你花的心思越多，参会后你的收获就越多。

  小秘诀：参会前先在社交媒体上搜索一下与会人员，浏览他们的简历，这样你就知道你最能帮到谁。

- 相信自己：你要坚信你就是对方需要的人。尽己所能积累所在领域的知识和专长。在谈及自己的行业、产品和服务时要引人入胜，让人不想离开。

- 保持联系：见面时要和对方保持直接、连贯的眼神交流。要流露出亲切的微笑。言辞要尽量幽默。要认真倾听。让他们讲述自己及其企业所需。如果你不能实现对方的需求，那就快速、灵活地向他推荐另一位高素质的人选。

- 不要变成“名片狂魔”：我朋友同时也是演说家和电视主持人的柯丝蒂·斯普拉贡（Kirsty Spraggon）向我介绍了这个概念。你知道的，总有那种人，在交际会上游走，见人就塞名片，完全不管对方需不需要。她把这种人称为“名片狂魔”。相反，你应花时间观察下与会人员，与他们建立有意义的人际关系。只有符合每个人的利益时，大家才可以再交流细节。
- 完善电梯演讲：很多人都会问“你是做什么工作的？”。（关于如何打造引人入胜、难以忘怀的电梯演讲，详见第七章。）
- 注意不要听着像排练一样：讲话听起来自然的关键就在于反复排练有关你生活、产品和服务的关键信息，直到你听起来没有排练的感觉即可。反复练习，直到听起来又自然又真实。
- 别吹嘘：没人喜欢爱显摆的人。（有关如何在不吹嘘自己的情况下展示个人可信度，详见第七章。）
- 跟进：你去参加社交活动可不是为了傻站着原地不动的。你去是为了结交更多的人，向他们推销你和你的产品。所以，请记住这点，明智地利用这次活动。要与活动中交流过的每个人都保持联系，一定要告诉他们自己和他们见面有多高兴，然后敦促他们进入下一阶段（无论具体是什么）。例如，“你好，萨莉，在活动上见到你我真是太高兴了。这是我当时提到的那篇文章。”“你好，肖恩。我想问你可不可以推一下你妹妹的联系方式，你说她是平面设计师。我这可能有适合她的业务。”。

杰丝（Jess）的故事

杰丝是个交际达人。她是自由职业者，客户都得自己找。值得称赞的是，杰丝很擅长发掘自己在社交活动中沟通过的对象目前需要找什么人（除她以外）帮忙。等她弄清楚对方所需的人员类型后，她马上就能动用自己的关系网匹配到合适的人选，然后立刻让二者建立起非常融洽、友好的人际关系。而这种温暖的人际关系就是指双方能非常轻松地结识彼此，然后合力拿下业务。杰丝是其行业内的宝藏，不论你有什么需求，找她准没错。

当然，对杰丝本人来说也有一大好处，虽然她自己一开始拿不到业务（毕竟她把别人推荐给了同事），可一旦对她的产品和服务产生需求时，人们第一个想到的就是她。所以，做个交际达人。为他人服务，最终自己也会受益。

想要打造积极良好的第一印象，人际交往是必备的能力。

诀窍

米歇尔有言：

“想要打造积极良好的第一印象，人际交往是必备的能力。”

试一试

能不能想出一个你也能参加的社交活动？要保证这个地方是你想去的。要保证参加活动的人员也是你想见的。将上述人际交往的建议落实到活动中。

制胜着装

魅力迷人的孔雀深知，身着制胜穿搭会别具吸引力、令人难忘，自己也会倍感自信。作为回报，你会收获他人的尊敬，会变得很有说服力。制胜着装并不需要你为穿搭一掷千金，正如设计师克里斯汀·迪奥（Christian Dior）所言："简约、品位好和仪容整洁是优秀穿搭的三个基础，这些都不会花你一分钱。"

制胜着装的另一个好处就是提升工作效率。你有没有过这样的经历，居家办公的时候身穿运动裤或健美紧身裤，结果发现自己的效率比平时要低，因为大脑以为你要去健身房（或是要躺在沙发上打个盹儿）。大量研究表明，你的穿搭要和你当天想取得的成就保持一致。

安妮塔（Anita）的故事

在安妮塔的工作岗位，人人都穿牛仔裤、T 恤衫——

非常随意的职场穿搭。但安妮塔却不一样，她总是身穿剪裁考究的西装走进办公室。总有人夸赞安妮塔看起来很漂亮。为什么在此提到安妮塔呢？因为她比同事晋升得更快，她在会上收获了更多的尊敬。与拥有同等经验和能力的同事相比，她会获得更多的项目机会。的确，安妮塔在工作中必须勤奋、努力，但她也确实把自己受到的优待归功于她对个人形象的关注。

女性品牌营销机构 SheBuildsBrands 的创始人库比·斯普林格（Kubi Springer）进一步证明了制胜着装的重要性。她说：

> 我们知道，80% 的交流都是非言语性的，所以人们总是先看后听。我的着装风格就表明我很专业、我很了解自己的业务、我需要被认真对待。但同时，它也能让我自由、舒适，满怀进取心。

制胜着装意味着你通过穿搭，将最专业的气场传递给面前的各位。

如何搭配制胜着装

制胜着装的主要技巧便是要记住：懒散的着装暗示着懒散的思维。着装最重要的一点就是你要自信。花时间思考一下个人形象，想象你的穿搭选择会给相关方带来怎样的影响。扪心自问“这套服装和造型传递了怎样的信息？”以及“对于这个说服性场合，这种风格是否合适？”。

魅力迷人的孔雀知道该如何以一种让人眼前一亮且提升说服力的方式穿着打扮，而非让人分心或让人兴致缺缺。

以下是针对制胜着装的几点建议：

- 选择剪裁合身、得体考究的服装。
- 衣服要合身，不要太紧身，也不要太宽松。
- 确保衣着不会太暴露。
- 选择不会起皱的服装，或者在穿之前熨平整。
- 衣服一定要衬人。
- 裙子尽量选长的，不要选短的。
- 考虑一下文身和耳饰的影响。有些场合，它们传达着自信的气场；但在有些场合，它们就不太合适。
- 选择与服装相配的珠宝和配饰，如袖扣或丝巾。
- 鞋面抛光。
- 发型要适合你的脸型，把最好的一面展现出来。
- 选择适合当下场合的香水：魅力型还是沙滩聚会型？
- 修剪指甲。
- 修理鼻毛、碎发，修剪眉毛，以免对方因这些细节分神。
- 妆容要贴合你真实的个人形象，记住：简单才是美。

米歇尔有言：

“魅力迷人的孔雀知道该如何以一种让人眼前一亮且提升说服力的方式穿着打扮，而非让人分心或让人兴致缺缺。”

趣闻：化妆与否会影响他人对你的看法。2006 年，丽贝卡·纳什（Rebecca Nash）及其同事对同一组女性带妆与素颜的影响进行了研究。结果发现，相比素颜，女性化上淡妆，就会被评价为更富有、更健康、更自信。

劳拉（Laura）的故事

政治记者劳拉是澳大利亚人心中的榜样。她身兼数职，其中就有澳大利亚广播公司时政电视节目的首席政治记者和《澳大利亚金融评论报》的政治编辑这两个职位。不论她和澳大利亚的谁交流，你都能听到对方用“令人印象深刻”来形容劳拉。她对外的形象相当干练。她会选择蓝色或黑色这种颜色（有时也会穿更为大胆的颜色），服装得体又合身，非常适合她的个性、气场和身材。她还会用独一无二的珠宝首饰点缀服装。当然，劳拉的记者工作也做得相当出彩。她的着装让她看着就是位优秀的从业者。在职业形象方面，劳拉简直是绝佳的榜样。

着装的选择是说服力的重要元素，魅力迷人的孔雀深谙其道。

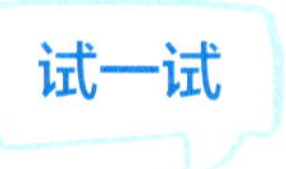

浏览一下本节中列出的制胜着装秘诀，然后看看自己的衣柜，找找哪些服装对你的形象有益，而哪些又无益。

如果有的衣服很好看，但没法帮你传递出合适的气场，那就留到在家休息时穿。

把有益于形象的服装都挂在衣柜的同一侧，这样方便拿取。未来你可以经常用它们来穿搭。

如果你想提高自己魅力迷人的孔雀这一说服类型中的技能，制胜着装就很有必要。你会感到更自信，释放出更多的魅力和气场。穿着合适的服装会让你更好地进入状态、让你表现得更好。周围的人也会觉得身着制胜穿搭的你更魅力迷人、更能力出众。

巧言妙语，流畅表达

在诸如对话、演讲或会议这类的商业性说服场合中，我们都知道，放一份一个小时都看不完的100页PPT、配上8磅的小字和各种图表，根本没有什么值得听取的信息。但很遗憾，大多数商业会议依然枯燥乏味、穷极无聊。我亲身体验过无数技术性演讲，用浓咖啡提神以清醒地度过大多数会议已是幸事。但这是一种耻辱，因为大多数场合，台上演讲的那位是实实在在的主题专家。他们只是不清楚怎样以一种引人入胜的方式向相关方展现自己的专业知识而已。他们要是能培养自己内心那只魅力迷人的孔雀就好了。

生活中，很多人在被你说服的时候，光摆平他们的逻辑头脑是不够的，他们还得感受到些什么。如果你让自己内心那头聪明睿达的猫头鹰（换言之，你重点关注事实、研究和原始信息）用海量的信息去淹没对方，而不考虑情感目标，你的相关方便不会理解、记住你说的内容，或者不会被你的言辞说服。

要记住：你要对相关方和你自己负起责任来，用巧言妙语和流畅的表达，有策略、有选择地推销关键点，从而说服他人。你应该让信息生动逼真，点燃热忱与激情。

推荐的表达技巧如下。

- 讲故事。
- 隐喻。
- 反应潜能。

下面我们来看看如何培养这三项能力。

讲故事

魅力迷人的孔雀深知在说服他人时，好的故事有多么重要。正如个人品牌塑造和媒体专家莫妮卡·罗森菲尔德（Monica Rosenfeld）所说："我认为，正是故事让我们拥有了打破障碍、推动对话、激发积极变革的机会。”故事能让人沉浸其中，是结交他人的好方法，也会引人深思。请思考自己在同样的情景下会做些什么。

在商业场合中说服他人时，要注意不要光摆事实，或者光讲故事，要二者兼而有之。你的故事要让你的信息生动鲜活。

若把枯燥乏味的技术性演讲比作黑夜，那么故事就是明灯。把故事讲好，就能唤醒相关方，让你的演讲内容栩栩如生。擅长讲故事就可以吸引更多的人去支持你的想法，结束会议后就会有很多人愿意去传播你的观点。

趣闻：在会议或对话期间处理信息的时候，大脑中只有两个小小的部分被点亮。但当你听故事的时候，整个大脑都会被点亮。你的整个大脑都沉浸在故事当中。

社会评论家赛斯·高汀曾说，演讲发言者的工作就是“引人注目”。换言之，你在会上发言或面对群众发表讲话时，你说的内容要特别难以忘怀、特别引人入胜，让同事或听众离开会场或听完演讲后觉得很有必要将你讲的内容重复给没听到的人听。这就是故事的作用。北美有句谚语就说：“会讲故事的人能征服世界。”

魅力迷人的孔雀在讲故事时会吸引他人的注意、释放魅力与激情。或许你的哪位朋友或同事就有这种侃侃而谈的语言天赋——他故事讲得特别好，让人们都坐在椅子边竖着耳朵等待接下来发生的事。拥有这项技能着实了不起。好消息是，人人都能讲好故事。只要你知道如何做、放手去做，就可以了。

趣闻：神经科学家发现，听故事时，你会有种感同身受的体验。产生的共鸣越多，让你感觉良好的荷尔蒙之催产素就会释放得越多。听众体内的催产素含量越高，他们就会越信任你，你也因此更具有说服力。

诀窍

米歇尔有言：

“商业场合中说服他人时，不要光摆事实，或者光讲故事，要二者兼而有之。你的故事要让你的信息生动鲜活。”

如何讲故事?

我最喜欢的讲故事模型就是在第七章详细介绍过的“魔法公式”。

再来回顾一下。用魔法公式讲故事遵循一个简单的三步法公式，叫作 IPB 模型（事件、要点、收获）。先讲故事（故事要短小精悍、引人入胜），然后解释故事要点（你从故事中学到了什么？有什么积极结果？），最后说出自己讲故事的初衷或把故事与对话的主题联系起来。

以下是我的亲身实例。

- 事件：我女儿马迪 5 岁上幼儿园的时候，第一次参加了体育嘉年华。但当时我没能出席活动，因为我正忙着培训一位客户。没见证她的比赛让我感觉很愧疚。我特别喜欢出席孩子们的演艺活动，以某种方式去支持她们。嘉年华结束后，我在下午工作茶歇的时候给马迪打电话。我说：“马迪，你今天的比赛怎么样？”她说：“哦！

妈妈！你肯定不敢相信，我都要赢了，结果在跑道上摔倒了。”她停顿了一下，我一时心急。紧接着，她又说：“但妈妈，你不用担心。我立马站了起来，一直向前冲。你猜怎么着？我赢得了比赛！”

- 要点：我的孩子们总是动力满满地掌控着自己的命运，不论艰难险阻，总是勇往直前。
- 收获：这给我们每个人都上了一课。发生什么不要紧，关键是你如何处理发生在你身上的事情。

还有哪些方法能让你如魅力迷人的孔雀一般讲故事呢？以下几点，请牢记心上。

1. 爱上你的故事：讲述的时候，就当是你自己的故事一样，你的情绪就会很有感染力。

2. 与听众交流，而不是对着听众说：最好的故事都要有听众参与其中（哪怕只有一位听众）。要与对方眼神交流，寻求言语上的肯定，能问问题就提问，称呼其姓名，让他们能从你的措辞中感受到些什么。

3. 故事要短小精悍：没听谁说过“我真希望会上讲的故事能再长一点！”。

4. 故事要相关：不要给听众讲无聊或不相关的故事。自己要说明故事为什么具有相关性，否则他们可能听不出来。

5. 要描述必要的细节：在听众看来没有必要的细节，就不需要在故事中体现。换言之，不要像莫德姨妈一样说话——“我觉得那天应该是星期二吧，还是星期三来着？不对，应该是星期二，因为那天来人清垃圾了”。天哪，亲爱的莫德姨妈，说重点啊。

6. 用手势、情感语言和发声强调：讲故事就像用词汇作画。把身体、面部和声音融入这幅画作当中，会给听众带来生动的整体体验。它们为你的讲述增添了物理元素。让听众能感受到故事的激情，让他们紧跟着你的步伐去感受这个故事。

7. 力争实现参考指标的转移：它也被称为“神经耦合”，即你在讲故事时，听众的大脑和你的大脑以同样的方式被点亮。换言之：你的故事变成了他们的故事，要给他们一种和你一起身临其境的感觉。

8. 注意不要在故事中分享不合时宜的个人信息：“不要在台上做心理治疗！”。换言之，如果你的故事无法服务于听众，而更多的是在讲述自己对某件事的感觉，那就请把它留给你的心理治疗师。

9. 给商务听众讲故事前，先找朋友练练手：你的朋友很爱你的，他们会更为宽容。

10. 多听他人讲故事：你会从中学到什么该做、什么不该做。

何时讲故事?

随时都可以。譬如以下情形。

- 求职面试：如果对方让你分享工作经历，你就可以添加一个有趣的故事，讲述你是如何应对某项挑战的——挑战是什么、你又怎么做的。
- 董事会演讲：故事是解决无聊透顶的董事会演讲的良药。一定要简短、切题、令人难忘。

- 会议：有关个人企业的创立、竞争对手或过往经历的故事都能让你的想法更加生动形象。
- 生活中：所讲故事要符合当下发生的事情。让我们以芭芭拉的故事为例。

芭芭拉（Barbara）的故事

芭芭拉有一群朋友计划晚上一起吃饭。其中有几位特别想去某家餐馆尝一尝。

芭芭拉恰好负责在卫生检查员完成年度餐厅检查后，打印所有的检查报告。结果很巧，芭芭拉正好得打印两家餐馆的卫生报告，这两家餐馆上下楼挨着，都被责令立刻整改。楼上的那家餐馆，地板、墙壁和食物储藏间都有大量昆虫滋生。令人震惊的是，这些虫子会从楼上的地板掉到楼下餐馆的菜肴上，然后被端到餐桌上供客人“享用”。你能想到，芭芭拉在给朋友解释这两家餐馆都不能去的时候，她的说服力会有多强。真的超级有说服力，他们再也不会去这两家餐馆了。

想一想，讲故事，尤其是以引人入胜的方式讲述简短且切题的故事，它的威力会有多强大？

讲故事竟不管用了？

参会的时候，我们很多人的脑中只有一件事：他能不能快点讲完！我们希望会议赶快结束，这样我们就能回到自己的工位上继续干活了。我们最不想被冗长的故事浪费时间。我们忙得晕头转向，结果对方在会上说了句："我给大家分享个小故事……"我们肯定会在内心抓狂："求求了，能不讲吗！我很忙的，我只需要你摆清事实就好，这样我就能回去接着干活了！"可以说，故事还没开讲，听众就已经不耐烦了。这里的教训就是，别宣布自己马上要讲故事了，直接就开讲，并把它讲好。

试一试

想一想过去几天发生的三件事，把这些事情转变成可以分享出去的故事。要保证自己在讲故事时能激发对方的情感反应。比如，对方听了会笑、会惊诧。

构思故事内容，然后不断练习。

在讲给你想说服的那个人之前，先讲给不同的人听（就当进一步的练习）。听取他们的反馈然后完善你的故事内容，让它更好、更有针对性，这样才能一击即中。

隐喻

有的时候，让信息生动鲜活的最佳方式并非讲故事。在这种情况下，隐喻或许更适合你的相关方。

隐喻能在相关方的脑海中形成具象，且往往要比枯燥的描述更容易理解，也更具有想象力、更难忘。事实上，希腊哲学家亚里士多德就认为:“到目前为止，最伟大的事情就是成为隐喻大师。隐喻能力是无法从他人身上习得的。它也是天才的标志。”多么高的评价呀!

隐喻就是通过对比、象征或描述，将一个事物比作另一个事物。例如,“她的声音对他而言就是音乐”。美国小说家、剧作家兼演员杜鲁门·卡波特（Truman Capote）曾说:“人生是一出还算好的戏，但第三幕写得非常糟糕。”他的意思是，生活只是还算满意而已，生命的尽头只会更加令人失望。

如何构思出合适的隐喻?

魅力迷人的孔雀会在必要时自然而然地用上隐喻，来描绘一幅画作，让对方难忘，让观点鲜活。要想为你的说服性场合找到好的隐喻，我建议你思考一下你的想法有哪些特征，然后看看能否想出一些与之无关但同样拥有这些特征的事物。例如，我们家的游戏室真的是一团糟。还有什么特别糟糕?灾区。所以就可以这样隐喻:“我们家的游戏室简直是个灾区。”

山姆（Sam）的故事

山姆是一家IT公司的销售主管。在向我学习了隐喻的强大之处后，他曾用隐喻的手法讲述了下面的故事:

×公司的解决方案就是个雄心勃勃的拼图游戏。所有的碎片都恰到好处，大小、形状都非常合适。或许会有人忍不住想移除某一块，甚至替换掉某一块。但这会让拼图出现缺口。若替换掉一块，新的碎片根本无法合上。你可以使劲把它塞进去，但就是合不上，只能放到拼图外面。新的碎片再好看，也不是对的那块，拼图整体也不一样了。我们为 × 公司提供的工具就完美适配这些缺口，所以可以为您提供完整的图景和解决方案。

拼图的隐喻他用了数十年了，非常有效。

试一试

为你的下一个宏图高见想出个隐喻。找几个人试一下，看看能否引起他们的共鸣、让你的想法更难忘。必要的话，采纳他们的反馈并对隐喻进行优化，然后在实际的说服性场合使用该隐喻。

反应潜能

你或许听过新闻播报员说过这样的话：“我们先休息一下，回来后，我们再一起看看塔龙加动物园又添加了什么新成员。”你听到他这么说，就会想：我得赶紧去泡杯咖啡，我可不能错过这个新成员啊。这个技巧被称作“反应潜能”。

反应潜能是指，你通过介绍一部分观点、停顿足够长的时间，让对方兴趣盎然，激发对方的兴趣，勾起悬念，甚至是营造一种神秘感，然后揭示余下的部分。因为在停顿的间隙，听众会给出多种不同的反应，所以它被称为“反应潜能”。例如，你说："您猜怎么了？"听众就会说："怎么了？"他们在说这句话的时候，也会思考你在停顿后揭示的种种可能性。

在谈话或会议中创造反应潜能

魅力迷人的孔雀擅长在揭示两个观点期间运用强有力的停顿来激发对方的兴趣。下面将给大家提供几种使用反应潜能的方法。

言辞

有很多巧妙使用言辞的方法来创造反应潜能。就像上述例子中的"您猜怎么了？"，说完就停顿一下，然后揭示答案。下面是其他几种巧妙的言辞：

- "好消息是"，（停顿）然后揭晓答案。
- "坏消息是"，（停顿）然后揭晓答案。
- "很遗憾"，（停顿）然后揭晓答案。
- "你们绝对猜不到之后发生了什么"，（停顿）然后揭晓答案。

幻灯片

你也可以用幻灯片来建立反应潜能。先播放幻灯片，但只显示图标的横纵轴，不显示数据，然后用动画一点一点展示数据。或者先告诉相关方，这个过程有 4 个步骤，然后用动画一点一点展示每个步骤。他们必然会倾听得很认真，因为只有这样才能知道 4 个步骤都是什么。由此，你会明白，为何这是互动的好方法！

讲义

把讲义发给听众，但上面只画几个模型或图表，其他内容都不要添加。只有在最合适的时机到来之时，再揭晓余下的部分。动觉型听众会边讲边填，所以发讲义的方法很好，能让他们保持兴趣。

挂板和白板

要想建立反应潜能，先在挂板或白板上写上一个大大的数字（假设，写个 79%），然后，只有在你准备好了的时候再解释 79% 是什么意思。或者，在挂板或白板上画一半的图表或图片，只在停顿过后补上余下的部分，在最合适的时机揭示谜底。

我就是这么做的。我在说服力演讲技巧大师班讲授 4MAT 系统（参见第六章）的时候，就在挂板上画了 4MAT 系统的轴线。我花了大概 7~10 分钟的时间给学员介绍主题。这几分钟里，我一直都站在挂板的轴线前。我知道，他们都在想，这个轴线是干什么用的，而这就能让他们坐直倾听。等到所有人的注意力都被我吸引时，我就转过身，在轴线的上方写下模型的名字，然后陆续填满每个象限——“为什么？”、“什么内容？”、“怎么做？”以及“另寻他法？”。每揭晓一个象限，大家都兴趣盎然。这就是反应潜能的力量。

道具

在推介或会议中，把道具放到桌子上，等到合适的时机再揭晓它的用途。

梅芙（Maeve）的故事

梅芙是一位销售总监，她讲述了自己在入职培训上发生的一件趣事。故事是关于她穿着UGG的靴子做的某件事情。（UGG的靴子是羊皮靴，里面有羊毛，很多澳大利亚人冬天都会穿它。）梅芙总会把UGG靴子放在前方的桌子上，这样每个人都看得见。人们一走进培训场地，就开始好奇为什么这儿会有双UGG的靴子。最后，她才会揭晓答案。于是大家都知道为什么要把UGG的靴子放在桌子上了。我敢打赌，因为梅芙巧妙的道具摆放和她创造反应潜力的技能，那些听过UGG靴子这个故事的人肯定多年后依然记忆犹新。

你也能做到。花些心思思考一下怎么做才最合适。

试一试

把上述反应潜能的某个案例用到你的下一封邮件中。

有没有哪个特定的表达能引起你的共鸣？我个人很喜欢“好消息是……”。如果你和我一样，也有最喜欢的表达，那就在日常对话中多用几次，假以时日，就能形成习惯了。

关于点燃热忱与激情，我还有一言

记住：我们都是不同类型的结合体，差别仅在于每个类型的偏好程度不同。不管点燃热忱与激情是不是你的强项，阅读本章后，你都可以从现在开始着手练习这些好的建议，从而培养自己内心那只魅力迷人的孔雀。有的建议比较简单，容易上手。有的则要花些精力和时间。你可以每天练习一两点，假以时日，你就会觉得容易得多。你应该让自己时时刻刻都能做这些事，而不仅仅是在重要会议、对话或商业推介会等特定的临时性说服场合中。记住：你始终在影响他人。

若是不能点燃热忱与激情，你的说服力便无从施展。相关方在众多说服性场合中都期望你能点燃热忱与激情，这样你才能说服他们。用魅力迷人的孔雀的技巧来提高你在生活中的整体说服力，机会近在眼前。展开美丽的羽毛吧！

魅力迷人的孔雀

- 不能点燃热忱和激情，你的说服力便无从施展。
- 之所以用魅力迷人来形容这一类型，是因为他们能博人关注、散发魅力、鼓舞人心。
- 以下方法有助于你点燃热忱与激情。

  1. 散发魅力，通过彰显气质和魄力让自己卓尔不群。

2. 使用肢体语言、保持整洁的仪容、微笑、直接的眼神交流、心存感激、善用制胜法宝，这些都能让你提升自信。

3. 充满激情——找寻自己的热忱所在是说服力的必要环节。

4. 通过手势、面部表情和发声强调让自己变得善于表达。

5. 提高语速，发声准确——语速要快一些，声音要大一点，表达要更流畅一些，以此来吸引他人。

6. 通过重复说辞法把观点深深植根于听众的脑海中，可以完全重复相似的字眼，也可以重新措辞。

7. 调动感官，激发对方的视觉、听觉、动觉。

8. 知道在外表、声音和行动的哪些方面下功夫，同时加强交际能力，从而制造良好的第一印象。

9. 身着制胜穿搭，传递合适的（专业和成功）气场。

10. 巧言妙语，流畅表达，可以通过讲故事、用隐喻和激发反应潜能的方式让对方记住你的观点。

- 记住：我们都是不同类型的结合体。相关方在众多说服性场合中都期望你能拥有热忱与激情，所以，加强你点燃热忱与激情的能力，从而提高你在生活中的整体说服力吧。

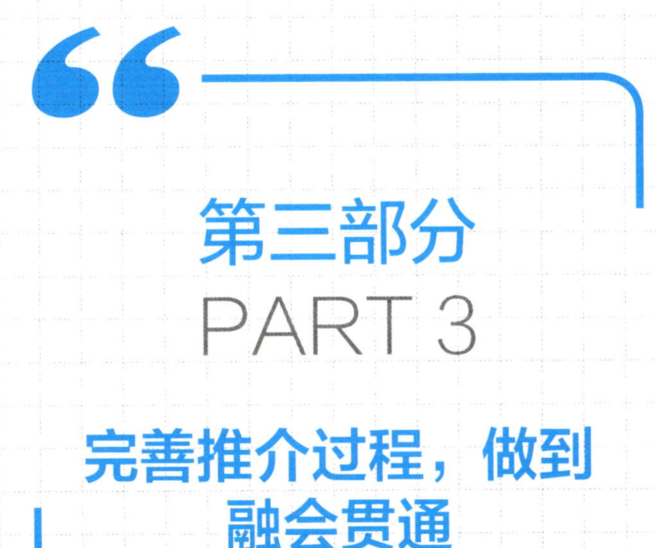

第三部分

PART 3

完善推介过程，做到融会贯通

第十章 完善下一个竞标或推介

过去数十年来，我为价值数百万美金的大项目做过推介培训。本章专为竞标和推介团队设计，是我对上述经验的反思总结。所以，如果你所在的团队即将准备新的竞标或推介，请注意以下内容。

提高成功概率

假设投标书已撰写完成，现在你已进入候选名单中，对方要求你在接下来的数周或数月（甚至数年）向评审团（负责选定最后的竞标团队）呈现提案中的关键主题，你想赢得竞标。现在，你需要做的事情有很多。

1. 为推介团队挑选合适的成员，每次都要考虑到人员的多样性。

2. 做好充分的准备。

3. 找出你的决胜主题或提案中的独家卖点。

4. 精心构思演讲内容，力求吸引各个类型的听众。

5. 增进说服力。

上述每一件事显然都是必做的。这些内容我们推介培训师已经讲了很多年了。

还有很多你没意识到的事情，这些看似微不足道的小事却能决定推介的成败。它们是一些不言而喻但又极易忽视的文化元素，会肆意摧毁你的成功。它们虽小，却不能不提、不可不管。其实，你在负责这些事项时，就要保证团队中的每一位成员都为推介演说尽全力，从而提高成功的概率。

多年来，我见证了一些中标团队在彼此的公司中大放异彩，而且，的确，他们总会赢得大额的订单。我也见证了身处毒性文化的员工，不论中标与否，员工都感到难过、毫无价值。要想让团队的竞标或推介表现迈上新的台阶，你就要时时刻刻把以下内容记在心上。

人员调配

在和推介团队共事的时候，我会和团队内登台推介的成员召开多达 20 次的会议（具体取决于推介的规模和时长）。在这个过程中，我喜欢问问对方："最近还好吗？"我相信你能猜到对方的回答，对方几乎次次都会说："太忙了！"可是不管你参不参与竞标，公司里的人都会很忙。如果你管理竞标团队，那就得问问自己这个问题："如果大家都忙于自己的'实际'工作，那他们到底要怎么找出额外的时间来帮我们赢得竞标呢？"不要只问，还要回答。在竞标过程开始之前就找找解决办法。

以我的经验，人员调配若做得不好，你手下的员工就得打两份工：自己的实际工作也要做，推介他们也得弄。他们会筋疲力尽、疲惫不堪，无法正常思考、容易分心，贡献也很有限，会上和排练时的表现也往往平平无奇、毫无亮点（这也能理解）。他们无法集中注意力，没法赶上项目截止日期，行事有疏漏没有活力，凡此种种也会让团队里那些能够把推介任务放到首位的人失去动力。

该怎么解决这些问题呢？要想集中团队力量完成推介，你就得让他们有时间钻研交易推介，这一点非常重要。在某些行业，如果要为真正大型的、价值数百万美元的项目举行推介，推介团队的成员就暂时不用从事日常业务，让他们完全专注于赢得推介这一件事。这样是不是挺好？如果你本就人手不足，很难做到上述这些，就得再找别的方法，保证诸多相竞的优先事项不会妨碍团队成员做出有意义的贡献。他们需要后备人员，或者需要高层领导从一开始就重新分配重点工作。这样他们才能把你的推介任务摆在日常工作的首位。

边界与角色划定

对于工作中的所有重要事项，你都会在一开始设定规则。推介也是一样，这是必不可少的环节。大家若都能知道并遵守规则，就能减少重复工作和时间浪费，提高协作精神。我的经验是，很多经常参加推介和竞标的公司会忘记设定规则，因为它们以为人人都经验丰富、人人都已经对这些规则烂熟于心了。但若不能为每一次新的竞标或新的推介设定明确的边界，项目团队成员间就会滋生误解和不满。

诀窍

米歇尔有言：

“若不能为每一次新的竞标或新的推介设定明确的边界，项目团队成员间就会滋生误解和不满。”

下面列举一下你需要设定的边界或规则类型。

角色

谁才是真正的客户？谁最终决定工作的分配？竞标团队内每个人的职责是什么？项目赞助人是谁？竞标主管或推介主管是谁？主题专家是谁？所有这些人的角色和职责都是什么？谁来联络客户？谁又来解答技术问题？

要知道，上述问题都很重要，我曾亲眼见证过很多推介败北，就因为不清楚谁负责哪项工作。一定要让每个人都清楚谁是最终的负责人，也就是说，要告诉团队内的每一位成员（也包括你的高管），一旦出现不同意见，谁会是最终做决定的人，然后赋予这个人做最终决策的权力。谁向团队成员沟通推介规则？当有人无视你的项目规则和行为时，谁负责强力推行？凡此种种，都得提前说清楚，以避免滋生误解。

流程

流程指的就是日期、活动和行动。所有推介活动的时间表定好了吗？我建议你流程初期就把拟订的各项活动日期发出去，这样大家就都知道自己该做什么以及何时完成某项任务了。什么时候进行推介培训？都有谁参加？谁来解释推介培训的原因、为议定的推介方式正名，让所有成员都同意你的流程？推介培训前需要做哪些准备？要不要为幻灯片配上文本？谁来撰写演讲稿？要不要安排单独的推介培训或者文本复核？如果需要的话，安排在哪天比较合适？什么时候排练推介演说？排练期间谁会在场？问答环节需要排练吗？问答环节谁又在场？

流程中最为关键的环节之一就是所有演讲稿撰写和幻灯片制作的截止日期，确定好之后就不要有改动了。这个一定要在流程初期就敲定（然后不再变更）。

沟通

针对推介流程中的沟通事宜，你需要问并回答一些关键问题。你的沟通流程是什么？所有事宜都要经过竞标经理吗？大家都可以针对推介的各项事宜联系不同的团队成员吗？比如，任何人都能随时联系幻灯片设计师讨论改动事宜吗？幻灯片的所有改动都要竞标经理经手吗？谁获准与你的潜在客户交流、联系？大家可以不经批准，直接向你的外部推介培训师求助吗？大家在这方面要遵守既定的流程吗？你和大家沟通时，一切内容都需要有书面留档吗？

行为

团队成员在和同事探讨自己的推介工作时，要给他们的表达方式划定明确的边界，这是很重要的。你介不介意别人抱怨自己有多忙？对方用日程忙碌当借口而不愿为赢得推介付出时间和精力，你是否能接受？排练期间给同事反馈，是否存在对应的流程？谁必须出席哪场会议？无法到场时要走什么流程？排练时，针对某人传达的内容或表达风格提出异议的最佳方式是什么？什么样的反馈有用？什么样的反馈最好闭口不谈？

在最近的一次推介准备活动中，推介团队中一位盛气凌人的成员对同事说，他们看起来“紧张兮兮、毫无准备”。这种反馈在推介彩排流程的初期是否有帮助？没有帮助。要在流程一开始就与推介团队就可接受的行为达成一致，这样，团队成员才能既有同理心又能起到支持作用。

一致性

我在推介会上最讨厌的就是最后一刻的压力。虽然在最后一分钟修改幻灯片的行为时有发生，但你绝对不想在推介会的前一晚花上好几个小时调格式就为了修改几处愚蠢的错误。你是在做一场“成败在此一举”的推介演说，就算你的幻灯片在最后一刻没什么可改的了，你还有很多要担心的事。况且，说实话，你至少在正式演讲前一周就该用幻灯片排练了。提前一周排练就能让你把幻灯片中的问题提前找出来，这样不仅能减轻大家的压力，还能提高你的整体表现。

应对最后一刻压力的方法之一就是确保每一个成员从一开始就有幻灯片模板，还要告知他们一定要用这个模板。这样你就不用把别的 PPT 添加到你的幻灯片中（因为别的 PPT 往往和你的 PPT 格式不同），你以为这样直接添加会更快，但其实不然。相反，项目团队成员要从一开始就用商定好的模板来重新设计所有的幻灯片（包括旧模板里已经做好的幻灯片）。这样就能保证临近正式演说日期的时候，不用再费太多精力统一幻灯片格式了。

还有一个有关一致性的重要考量就是后备发言者。推介会当天有人生病了怎么办？你有没有安排全程跟进（包括排练）的后备发言者，以备当天的不时之需？

管理恐惧

以我的经验来看，大家渴望胜利时，会在推介流程的某个阶段产生一种很常见的情绪，就是恐惧。毕竟，众所周知，公共演讲是很多人最害怕的事情之一。我经常发现，有的人（通常是那种尽全力发挥、自信满满的专家）会在推介流程的某个时刻经历一种压迫感。这种压迫感会导致他们问自己一系列毫无用处的问题，比如，“我能好好表现吗？”“我会不会让团队失望啊？”“我怎么保证自己不会大脑空白呢？”“我要是不知道怎么回答对方的提问该怎么办？”“我的工作量这么大，我怎么才能及时做好准备啊？”“为什么只要求我多付出，不要求别人呢？”。

这该怎么解决呢？我的建议是，要理解所谓的“受害者行为”是推介流程中不可避免的环节，这需要由推介负责人或竞标经理来处理。高管团队赋予了他们这份权力，高管要在组建竞标团队的初期说明：由竞标经理来负责整个流程。高管也得在一开始就要求每一个人尊重竞标经理的需求和竞标经理设定的截止日期。

会出现的受害者行为如下。

- 否认：“那场会议我没参加。”“我不知道。”“我没看见。”
- 指责：“你之前说这段流程我们要用多少来着？”“弗雷德到现在都还没准备完呢，所以我也没法做我这部分。”“我没有模板。”“我太忙了，所以没按要求准备。”“你也没给我发那个东西呀。”
- 辩解：“我还没时间改我的幻灯片呢。”“我们平常也不这样啊。”“我从来不这么讲话。”“我宁愿自己没准备，这样我说话听起来还真实些。”“我不喜欢照本宣科。”“我没时间排练。”“我还没来得及考虑这些反馈呢。”“我没用这个样本，因为不适合我。”
- 放弃：“我就编吧。”“我不要做那个。”“我不要这么说。”“我没法做那个。”“我对排练不感兴趣。”

如果你事先就知道某位团队成员会在某个阶段出现受害者行为，你就能更好地管理他们的恐惧了。受害者行为难免会发生，而这就需要你在推介流程的一开始就设定明确的界限，说清楚团队成员若出现这些行为也无妨，也要讲清楚如果他们不遵守这些界限会出现什么后果。这样，你的竞标经理或项目赞助人就有权力也有权限在受害者行为发生之初就将其扼杀在摇篮之中。

如果你没能约束这种行为，你就会发现，其他的成员也会深受这种不良行为之害，最后形成恶性循环。据我的经验，人们参加完竞标后就选择离职的一大主要原因就在于没能约束好这种不被接受的行为。

米歇尔有言：

“人们参加完竞标后就选择离职的一大主要原因就在于没能约束好这种不被接受的行为。”

带头作用

你知道的，如果推介团队中更资深的成员以某种方式行事，其他成员就会效仿。很多高管或项目领导在整个推介流程中的行事方式我个人觉得不妥当。甚至有时我发现自己会很庆幸我只是个外部顾问，不用跟这群人天天打交道。

这种“带头作用”可好可坏。如果整个团队都觉得领导能推动年纪更轻、经验相对不足的成员，你就会发现，其他成员往往也会效仿。这种带头作用能提升初级成员的自信，有利于团队凝聚力。同样的，如果领导很难在排练时给予成员积极的反馈，那其他人也会效仿，最终会让大家觉得受到了威胁、希望破灭。如果项目领袖言语间透露自己不支持某种预先确定的方式或流程，那整个团队就会觉得领导们压根就没看上他们的工作，于是团队成员行事就会变得不情不愿，这对于效率和士气来说绝对是极大的打击。

如果大家都能积极贡献、互相支持、为目标奋斗，都以这样的协作方式当标杆，这真是再好不过了。而且你知道吗？客户是能感觉到的。他们能察觉到你的团队是不是真的有凝聚力。当你们尊重、重视彼此的专长时，客户们能看出来，这非常振奋人心、极具感染力。这才是制胜公式！

米歇尔有言：

“你的客户们能察觉到你的团队是不是真的有凝聚力。当你们尊重、重视彼此的专长时，客户们能看出来，这非常振奋人心、极具感染力。这才是制胜公式！”

这该怎么解决呢？我的建议是，你要和管理你所在竞标团队的高管制定一套行为规范或行为准则。我还看过有些公司制定了一套符合该公司价值观、职业道德和企业文化的固定不变的行为规范。所有的推介都会遵循这套行为规范——“我们这儿就这么办事”。行为准则明确规定了哪些行为可接受、哪些行为不可接受。请不要想当然地以为你的高管知道这些东西——他们根本不知道。甚至有些情况下，他们压根也不在乎（他们迟早会在乎的）。所以你得和他们讲清楚，为什么设定行为准则如此重要。

这回你懂了吧？希望你能从上述建议中获取些思路。你在负责这些事宜时，要保证人人都能拿出最佳状态去对待你的推介演说，这样才能提高你的获胜概率。

完善下一个竞标或推介

- 要想让团队的竞标或推介表现迈上新的台阶，就要时刻把以下内容记在心上。

  1. 人员调配：要想集中团队力量完成推介，你就得让他们有时间去钻研交易推介。

  2. 划定边界：若不能为每一次新的竞标或新的推介设定明确的边界，就会在项目团队成员间滋生误解和不满。针对成员的角色、必须遵循的流程、预期的沟通以及保证一致性来划定边界，以减少重复工作和时间浪费、增强协作精神。

  3. 管理恐惧：理解受害者行为（重压之下的否认、指责、辩解、放弃等）很常见。提前做好规划，避免此类行为；若此类行为出现，要及时解决。

  4. 带头作用：制定一套行为准则，规定哪些行为可接受、哪些行为不可接受，也要保证领导去遵守这套准则。

- 你的客户们能察觉到你的团队是不是真的有凝聚力。当你们尊重、重视彼此的专长时，客户们能看出来，这非常振奋人心、极具感染力。这才是制胜公式！
- 你在负责这些事宜时，要保证人人都能拿出最佳状态去对待你的推介演说，这样才能提高你的获胜概率。祝你好运！

后　记
该你出马了

恭喜恭喜！读到最后了，你就要变身成为最有说服力的自己了，好激动人心啊！

阅读本书就已经展现了你提升说服力的决心、愿望和动力。现在该是你尽可能抓住机会，以最有说服力的姿态与人沟通的时候了。本书中习得的内容可为你所用，在人生的各个时刻提升你的成功概率。请摆脱旧习吧！即便旧习根深蒂固！其实，最新的研究表明，平均要花 63 天的时间才能改掉根深蒂固的行为（很多人以为是 28 天，但其实不然）。也就是说，如果你真的想让最佳做法成为“习惯”，那你真就得根据书上的一些建议下苦功夫。

至于那些临时性的说服性场合，我建议你认真抉择，严肃对待此类沟通。也就说，当你每次说服他人时，都要想一想书上的最佳方案，然后认真试一把。

学习不止、奋斗不停，以下建议供你参考。

- 进行自我评估：如果你还没完成“说服力智能剖析”，请务必完成。它能让你了解自己的说服强项和弱点。一旦你更了解自己，就能做出更明智的决定，清楚你的说服方式哪里需要加强、哪里尚需培养、哪里应该改进。
- 制订计划：我建议你为需要改变的地方制订计划，就从今天开始做起。针对你的整体发展写下三个关键步骤，然后严格遵守。一定要定期重新阅读这三个步骤，并采取相应的行动。

- 实施计划：尽可能找机会把从本书中习得的内容运用到日常生活中来。你既然已经知道方法了，那你会如何应对非正式沟通、电话、线上会议、组会、标书呈递、商务案例和职场演说呢？
- 重读本书：把本书放在身边，必要时以做参考。有需要的时候，可以重新翻翻书中的内容。
- 讲给他人：同事、朋友和家人也需要这些技能。如果你有孩子，把习得的技能讲给他们听就是个不错的起点。试想孩子从小就知道本书中的内容，那该有多厉害呀！

如果你能用上本书中任何或所有的建议，你就会变得更有说服力，你就能在人生中达成更多所想。我真心为你感到高兴！

享受说服力吧！

米歇尔·鲍登

附　录
四种说服类型的总结

说服类型	关键说服指标（KPIs）	说服偏好	描述词	说服方式
聪明睿达的猫头鹰	● 这个论点是否言之有物？ ● 这个论点是否合情合理、符合逻辑？ ● 我是否认为这项观点有意义？ ● 这套说辞是否无可辩驳？	信息可信度	抽丝剥茧： 对事物展开认真、系统的研究。 口齿清晰： 能轻松、清楚地表达思想。 鞭辟入里： 能做出谨慎的判断或评估。 独具慧眼： 具备良好的判断能力和理解能力。 沉着公正： 不为个人情感所动，不带个人偏见。 聪明过人： 思维能力强。 能谋善断： 善于在仔细思考后提出意见或建议。 逻辑性强： 基于正确的判断提出合理的观点。 有条不紊： 善于运用系统的方法。 胸有成竹： 井井有条、准备充分。 富有理性： 善用推理、做出合理的判断或正确的决策。 刻苦钻研： 愿意针对某一主题展开详细研究。 勤奋好学： 学习能力强。 深思熟虑： 深入考量、细心思索、兼权尚计。	构思语言，唤起共鸣，让人念念不忘。 外部证据，有力支撑。 巧用设问，引导听众。 用词严谨，切忌含混不清，惹人分心。 强力词汇，焕活观点。 适当的方案选项。 编号列表，层次分明。 视觉辅助，抓人眼球，巧妙说服听众。 变通数字，巧妙推销。 反复排练，直至十拿九稳。

续表

说服类型	关键说服指标（KPIs）	说服偏好	描述词	说服方式
居高临下的雄鹰	● 对方是该领域的权威人士吗? ● 他值得信赖吗? ● 我尊重他吗?	个人权威	口齿清晰： 能轻松且清晰地表达观点和感受。 坚定自信： 为心中的所想所愿振臂疾呼。 享有权威： 是信息、建议和专业知识的来源，自信且值得尊敬。 令人信服： 让人们觉得真实可信。 居高临下： 拥有权威，渴望关注。 能力出众： 能优秀出众地完成任务。 泰然自若： 沉着冷静，能控制情绪。 信心满满： 拥有自信心。 言而有信： 受人信赖。 经验丰富： 身经百战，从而收获知识和技能。 行家里手： 拥有某一领域的高水平知识和技能。 态度强硬： 能有力地表达观点，要求关注或采取行动。 品格高尚： 拥有高尚的原则，会做正确的事情。 威风八面： 看似举足轻重、庄严或声势慑人。 势力强大： 权威性高，影响力强。 志得意满： 对自己的成就春风得意。 受人敬仰： 因其品质或成就而受到钦佩。 值得信赖： 可靠、诚实、可信、可托付。 高瞻远瞩： 极其有远见，富有想象力。	行家里手，出类拔萃。 表露实力，切莫谦虚。 提高形象，节节攀升。 值得信赖，计行言听。 电梯演讲，精进技能。 冷静自持，沉着应对。 优雅发言，不输气场。 加油打气，自信不疑。 讲述故事，引人入胜。 不负众望，超越期待。

续表

说服类型	关键说服指标（KPIs）	说服偏好	描述词	说服方式
彬彬有礼的鹦鹉	• 对方是否包容、和善? • 他在意我和我的需求吗? • 我和他之间有情感联系吗? • 我对他有好感吗?	建立良好关系	坦诚相待: 用开放、诚实的方式表达意见和情感。 体贴关怀: 富有同情心，能给予情感支持。 专心致志: 重视度高，愿意奉献时间与精力。 见哭兴悲: 对他人的不幸或痛苦充满同理心、感到悲伤。 解纷排难: 努力赢得善意、减轻敌意或解决争端。 关系密切: 与他人关系亲近。 能言善辩: 善用巧思尊重他人立场，而非冒犯他人。 古道热肠: 在他人意想不到的情况下依然能很自然地、令人心悦诚服地与人建立融洽关系。 感同身受: 能够体会到对方的感受。 慷慨大方: 不吝给予或分享。 赤诚相待: 真诚、实在，不虚伪。 与人为善: 拥有善良友好、乐于助人的感情或态度，乐于提供认可和支持。 兴致勃勃: 被人或事所吸引，并希望能给予对方特别的关注。 讨人喜欢: 和善、平易近人、人缘好。 思维开放: 不轻易下定论、思维不闭塞。 尊重他人: 钦佩对方、礼貌待人、心怀敬畏。 蔼然可亲: 充满关爱、感激和同理心。	了解自己，接纳自己。 接纳他人。 讨人喜欢。 蔼然可亲。 和睦相处。 让人心旷神怡。 乐于助人。 联系不断。 积极倾听。 摒弃破坏善意的词语。

续表

说服类型	关键说服指标（KPIs）	说服偏好	描述词	说服方式
魅力迷人的孔雀	• 对方引人入胜吗？ • 他令人目不转睛吗？ • 我被他的自信鼓舞了吗？ • 他的热忱和激情有感染力吗？	吸引注意力、点燃热忱与激情	引人注目： 外表或举止让人心旷神怡、心生愉悦。 魅力迷人： 极其有趣、兴奋、愉悦或迷人，从而吸引关注。 魅力四射： 拥有吸引他人注意或令人心生艳羡的独特品质、吸引力或魅力。 风采迷人： 能让他人心生愉悦、令人着迷。 信心满满： 拥有自信心。 言之凿凿： 强烈、清晰地表达观点。 热情洋溢： 对事物有强烈的兴趣。 善于表达： 极具表现力，用以传达意义或感情。 感染力强： 能让他人接受自己的积极情绪，加入自己的阵营。 振奋人心： 唤起积极的想法和情感。 趣味十足： 以不同寻常、激动人心、内容丰富的方式吸引注意力。 倾耳注目： 拥有持续吸引他人注意力的超凡技能。 积极乐观： 秉持积极向上、满怀希望的观点。 外向开朗： 大大方方、待人友善、精力充沛、乐于助人。	提升魅力。 信心满满。 充满激情。 善于表达。 提高语速，发声准确。 重复说辞。 调动感官。 乍见生欢。 制胜着装。 巧言妙语，流畅表达。

致　谢

罗伯特·西奥迪尼（Robert Cialdini）、凯文·霍根（Kevin Hogan）、科特·莫滕森（Kurt Mortensen）、鲍勃·博登海默（Bob Bodenhamer）和迈克尔·哈尔（Michael Hall）等影响力人物和无数前辈们为我写作本书铺平了道路，让我能为各位呈上这本非常实用的书，帮助大家成为更具说服力、更为成功的人士。

衷心感谢我伟大的母亲，以及我那对聪慧可爱的女儿霍利（Holly）和马迪（Madi），她们孜孜无怠地阅读我的书稿，并为我提出了无数的改进意见和真知灼见，让这本书能够不断完善。感谢布雷迪·道森（Brady Dawson）在审视我的种种措辞问题时，提出鞭辟入里的见解和切中肯綮的修改。我还要和安娜贝尔（Annabelle）碰个拳，感谢你在沟通方面的巧思和启迪。最诚挚的感谢献给我人生中最好的伊恩（Ian）——你是我翱翔天际的翅膀下载着我高飞的风。

在此，也感谢并深情拥抱约翰·威利父子出版社的露西·雷蒙德（Lucy Raymond）和利·麦克列侬（Leigh McLennon），是你们确保我的所思所想对他人有益。夏洛特·达夫（Charlotte Duff），你真是位天才编辑！感谢克里斯·肖顿（Chris Shorten）和整个威利团队，让我宝贵的读者们能欣赏到这本书最好的样子。

当然，我还要诚挚地感谢所有优秀、慷慨、支持我的客户，是你们预约了我的培训班、在会议上为你们发言、为你们的竞标或推介团队培训。你们始终对我满怀信任（很多客户与我合作了 10 多年，还有一些合作了 20 多年），将贵公司最宝贵的资源——你们的员工，托付给我。对于企业中说服性演讲的公式和体系，我们共同学习、融会贯通并不断完善，从而制胜！我们会更加强大！我们共同的经历造就了本书。你们也深知（因为我总会说）我很爱你们，因为你们是我人生中不可或缺的伙伴。我喜欢“Yes”这个词带来的欢声笑语。正是有你们，才让我们现在有了这本书，帮助更多的人增强说服力！